40/4

Collection dirigée par Denis Merle

ROUSSEAU

Les Confessions

LIVRES I À IV

40 QUESTIONS
40 RÉPONSES
4 ÉTUDES

par Denis MERLE
Ancien élève de l'E.N.S. de Saint-Cloud
Agrégé de Lettres classiques

ellipses

Dans la même collection

- *BALZAC, Le Père Goriot*, par J. Broyer, 1996.
- *CAMUS, La Chute*, par D. Merle, 1997.
- *GIRAUDOUX, Électre*, par J. Broyer, 1997.
- *HUGO, Hernani*, par G. Tommasino et Ph. Douet, 1996.
- *HUGO, Ruy Blas*, par H. Devys, 1996.
- *MALRAUX, La Condition humaine*, par J. Broyer, 1996.
- *MALRAUX, L'Espoir*, par J. Broyer, 1997.
- *MOLIÈRE, Le Misanthrope*, par M. Lajarrige, 1997.
- *MUSSET, On ne badine pas avec l'amour*, par D. Merle, 1996.
- *RACINE, Phèdre*, par Ph. Thénot, 1996.
- *SENGHOR, Éthiopiques*, par Ph. Douet, 1997.
- *VOLTAIRE, Candide*, par D. Merle, 1996.

ISBN 2-7298-9782-8

Aux Savoyards

■ PRÉSENTATION

ROUSSEAU EN 1766

En 1764, paraît dans la patrie même de Rousseau, à Genève, un libelle anonyme, *Le Sentiment des citoyens*. Voltaire, auteur de ce texte injurieux, prend Rousseau pour cible et lui décoche un trait pernicieux, en révélant un secret : Rousseau a abandonné les enfants qu'il a eus de Thérèse Levasseur, sa compagne. Rousseau est contraint de se justifier. De 1766 à 1770, il rédige dans ce but *Les Confessions*. Mais l'ouvrage n'est pas une simple réponse au libelle, une riposte de circonstance. Elle est, pour Rousseau, l'occasion de se faire connaître aussi complètement, aussi intimement que possible, afin de s'expliquer et de dissiper les injustices qu'il sent s'accumuler contre sa personne depuis des années. Du reste, l'attaque de Voltaire ne fait que hâter la mise en œuvre d'un projet que Rousseau formait auparavant. Depuis les années 1759-1760, ainsi qu'il l'a rapporté, il avait décidé d'écrire ses Mémoires. Son éditeur, Rey, à cette même époque, l'avait engagé à les rédiger, pour les placer en tête de ses œuvres complètes. Déjà, en 1761, Rousseau avait écrit des fragments, publiés un siècle plus tard seulement, sous le titre *Mon portrait*. En 1762, il adressait quatre *Lettres à M. le président de Malesherbes*, responsable de la censure. Ces lettres constituent l'ébauche des *Confessions*. En 1770 et 1771, Rousseau fait des lectures publiques du manuscrit des *Confessions*. Mais l'ouvrage n'est publié qu'après sa mort, en deux temps, en 1782 (livres I à VI) et en 1789 (livres VII à XII).

REPÈRES CHRONOLOGIQUES

1712-1731 INDÉTERMINATION[1]

Ces années correspondent aux quatre premiers livres des *Confessions*.

1712	Naissance de Jean-Jacques Rousseau, à Genève. Mort de sa mère.
1722-1724	Séjour à Bossey, chez le pasteur Lambercier et sa sœur.
1724-1728	Rousseau est apprenti, à Genève.
1728	Départ de Genève. Rousseau rencontre Mme de Warens, à Annecy. Il reçoit le baptême catholique, à Turin.
1728-1729	Séjour à Turin, chez Mme Basile, Mme de Vercellis, le comte de Gouvon.
1730	Retour à Annecy, auprès de Mme de Warens.
1730-1731	Périple à pied, en Suisse et en France. Retrouvailles avec Mme de Warens, à Chambéry.

1732-1750 AMBITION

1732	Rousseau est maître de musique, à Chambéry.
1733	Il devient l'amant de Mme de Warens.
1740	Rousseau quitte Mme de Warens auprès de laquelle il a vécu, depuis 1731, à Chambéry et, tout près de cette ville, aux Charmettes.
1743-1744	Rousseau est secrétaire d'ambassade, à Venise.
1744	Rousseau s'installe à Paris.
1744-1749	Début de la liaison avec Thérèse Levasseur. Rousseau entre dans le monde littéraire et intellectuel, fréquente Diderot et collabore à *L'Encyclopédie*.
1749	Illumination de Vincennes. Composition du *Discours sur les sciences et les arts*.
1750	Le *Discours* obtient le prix de l'Académie de Dijon. Publication. Succès mondain.

1751-1762 PRÉDICATION

1751	Rousseau entreprend de se réformer.
1754	Dernière rencontre avec Mme de Warens. Rousseau revient au protestantisme.

1. Nous reprenons la périodisation établie par Georges May, ainsi que les noms qu'il a choisis pour les quatre périodes, dans son ouvrage de référence sur Rousseau (*Rousseau*, collection « Écrivains de toujours », Paris, Seuil, réédition 1994, p. 193-196).

1755	Publication du *Discours sur l'origine et les fondements de l'inégalité*.
1756-1762	Résidence à Montmorency, près de Paris, chez Mme d'Épinay, d'abord, puis chez le maréchal de Luxembourg.
1758	*Lettre à d'Alembert sur les spectacles*. Rupture avec Diderot et ses amis.
1761	Attaque de la maladie de la pierre. Crise morale. Publication de *La Nouvelle Héloïse*, succès.
1762	*Lettres à M. le président de Malesherbes*. Publication d'*Émile* et du *Contrat social*, qui sont condamnés. Décrété de prise de corps, Rousseau s'enfuit en Suisse.

1762-1778 EXPIATION

1762-1770	Errance en Suisse, en Angleterre, en France.
1763-1764	Rousseau tente de se justifier dans la *Lettre à Christophe de Beaumont* et les *Lettres écrites de la montagne*.
1766-1770	Rédaction des *Confessions*.
1770-1778	Rousseau habite à Paris.
1772-1776	Rédaction des trois dialogues *Rousseau juge de Jean-Jacques*, publiés en 1782.
1776-1778	Rédaction des *Rêveries du promeneur solitaire*, publiées en 1782.
1778	Rousseau meurt à Ermenonville.
1794	Les cendres de Rousseau sont transférées au Panthéon.

AVERTISSEMENT

Les références sont données à partir de l'édition Folio. Nous indiquons, en chiffres romains, le numéro du livre avant celui des pages.

40 QUESTIONS

LIVRE PREMIER

1 Quelle « entreprise » Rousseau déclare-t-il « forme[r] », au début de son ouvrage ?
2 Selon Rousseau, quel autre mariage a été célébré le même jour que celui de ses parents ?
3 Quel malheur arrive à la naissance de Rousseau ?
4 Auprès de quelle femme Rousseau aimait-il à rester, dans son enfance ?
5 Quel sentiment Rousseau a-t-il éprouvé en recevant une fessée de Mlle Lambercier ?
6 De quelle faute Rousseau a-t-il été accusé à tort, à Bossey ?
7 Quelle est la dernière anecdote racontée à propos de Bossey ?
8 De qui Rousseau est-il amoureux en même temps, à Nyon ?
9 Quels méfaits Rousseau commet-il, durant son apprentissage chez un graveur ?
10 Qui est « la Tribu » ?
11 Sur quel épisode s'achève le premier livre ?

LIVRE SECOND

12 Quelle impression produit sur Rousseau la rencontre de Mme de Warens ?
13 Quel jour Rousseau a-t-il rencontré Mme de Warens pour la première fois ?
14 De quelle manière Mme de Warens a-t-elle quitté son mari ?
15 Dans quel lieu Rousseau est-il conduit, à son arrivée à Turin ?
16 Qui est Mme Basile ?
17 Qui est Mme de Vercellis ?
18 Quel emploi Rousseau tient-il auprès de Mme de Vercellis ?
19 Quel est le dernier fait raconté dans le deuxième livre ?

LIVRE TROISIÈME

20 Comment, à Turin, Rousseau se montre-t-il à la vue des femmes, plusieurs fois ?
21 Au service de quelle famille illustre Rousseau entre-t-il ?
22 Quelle langue l'abbé de Gouvon tente-t-il d'enseigner à Rousseau ?
23 Pour quelle raison Rousseau quitte-t-il Turin ?
24 Quel objet Rousseau emporte-t-il en partant de Turin ?
25 Quelles études particulières Mme de Warens fait-elle suivre à Rousseau ?
26 Qui est M. Gâtier ?
27 Qui est Venture de Villeneuve ?
28 Dans quelles circonstances Rousseau abandonne-t-il le musicien Le Maître ?
29 Pour quelle raison Rousseau, après avoir abandonné Le Maître, ne trouve-t-il pas Mme de Warens à Annecy ?

LIVRE QUATRIÈME

30 Combien de temps Rousseau passe-t-il en compagnie de Mlle Galley et de Mlle de Graffenried ?
31 Qui est M. Simon ?
32 Que se passe-t-il entre Rousseau et la Merceret ?
33 Dans quel but l'archimandrite parcourt-il l'Europe ?
34 Que fait Rousseau, au service de l'archimandrite, devant le sénat de Berne ?
35 Quel est l'homme célèbre qui avait occupé, à Soleure, la chambre accordée à Rousseau ?
36 Quel sentiment inspire à Rousseau la découverte de Paris ?
37 À quelle occasion Rousseau prend-il conscience du fardeau que les impôts font peser sur le peuple ?
38 De quelle manière Rousseau se déplace-t-il de Paris à Chambéry, en passant par Lyon ?
39 Quel emploi Mme de Warens fait-elle obtenir à Rousseau ?
40 À la fin du quatrième livre, qui Rousseau associe-t-il à son entreprise autobiographique ?

40 RÉPONSES

LIVRE PREMIER

1 QUELLE « ENTREPRISE » ROUSSEAU DÉCLARE-T-IL « FORME[R] », AU DÉBUT DE SON OUVRAGE ?

L'« entreprise » est le projet autobiographique que constituent **Les Confessions.** ***(I, p. 33-34)***

La première page du premier livre appose d'emblée le sceau de l'authenticité autobiographique sur l'ouvrage qui commence pour le lecteur. Selon la définition de Philippe Lejeune, l'autobiographie se caractérise en premier lieu par l'identité de l'auteur, du narrateur et du personnage principal[1]. Le nom de l'auteur, Rousseau, accompagne le titre, avant le texte lui-même. Dès le début du texte, le narrateur — Rousseau — assume explicitement le récit, avec la présence immédiate de la première personne, « je ». Le personnage qui occupe ouvertement la première place dans l'ouvrage est encore Rousseau, en tant qu'homme. Ainsi, dans le début de phrase « *Je me* suis montré tel que *je* fus », le premier pronom « je » renvoie au narrateur, mais les pronoms « me » et « je » — le second — désignent le personnage. Rousseau établit avec le lecteur ce que Philippe Lejeune appelle un « pacte autobiographique ». Comme dans tout contrat, les deux parties contractantes s'engagent mutuellement. En l'occurrence, Rousseau offre au lecteur le récit de sa vie, affirmant le faire avec la plus totale sincérité. Pour sa part, le lecteur, ainsi que le stipule Rousseau, doit lire le récit avant de pouvoir se prononcer sur son innocence ou sa culpabilité : « Si la nature a bien ou mal fait de briser le moule dans lequel elle m'a jeté, c'est ce dont on ne peut juger qu'après m'avoir lu. »

Le ton du texte a de quoi surprendre le lecteur. La conscience de soi est poussée à son paroxysme. Le texte fourmille d'occurrences de pronoms

---

1. *Le Pacte autobiographique*, Paris, Seuil, 1996, p. 15.

et d'adjectifs possessifs de la première personne du singulier — « je », « moi », « me », « mon », « mes » —. Bien plus, **Rousseau affirme sa singularité** à double titre, par ce qu'il est — « Je ne suis fait comme aucun de ceux que j'ai vus ; j'ose croire n'être fait comme aucun de ceux qui existent » — et par son projet autobiographique — « Je forme une entreprise qui n'eut jamais d'exemple et dont l'exécution n'aura point d'imitateur ». S'agit-il d'un orgueil démesuré ? Rousseau apporte une précision majeure : « Si je ne vaux pas mieux, au moins je suis autre. » La singularité peut n'être que différence, sans supériorité. Mais, la solennité du troisième paragraphe paraît, aussitôt après, souligner une pose orgueilleuse de Rousseau : il se place sous le regard de Dieu, « le souverain juge », et fait du « Jugement dernier » le tribunal suprême, seul habilité à juger, en dernière et décisive instance, sa sincérité. Pour tenter de saisir la portée de ce préambule des *Confessions*, il faut se souvenir qu'il a été écrit après la rédaction des premiers livres. Rousseau a donc, au fil de l'écriture du début des *Confessions*, instruit son propre procès — ce que n'a pas encore fait le lecteur, qui en aborde la lecture — et peut ainsi prononcer une sentence. Il s'acquitte, car, s'il n'est pas exempt de fautes, il s'accorde des circonstances atténuantes : il appartient au genre éminemment faillible qu'est le genre humain. Aussi le préambule s'achève-t-il sous la forme d'un défi envers les lecteurs potentiels : « qu'un seul te dise, s'il l'ose : *Je fus meilleur que cet homme-là*. » À lire ces mots, on pourrait croire que Rousseau bouleverse le procès intenté, que d'accusé il se fait accusateur. Mais, la fin du préambule fait allusion à la parole du Christ, défendant une femme adultère face à une foule hostile : « Que celui d'entre vous qui n'a jamais péché lui jette la première pierre. » (*Évangile selon saint Jean*, 8) En semblant accuser à son tour, Rousseau cherche surtout à se défendre, en renvoyant ses détracteurs à leurs propres fautes.

2 SELON ROUSSEAU, QUEL AUTRE MARIAGE A ÉTÉ CÉLÉBRÉ LE MÊME JOUR QUE CELUI DE SES PARENTS ?

Rousseau raconte que Gabriel Bernard, frère de sa mère, et une sœur de son père — Théodora Rousseau — se sont mariés le même jour que ses parents. (I, p. 35)

En réalité, le mariage de son oncle et de sa tante a précédé de près de cinq ans celui de ses parents. Une erreur aussi importante a de quoi surprendre le lecteur, de prime abord, d'autant qu'il s'agit d'événements familiaux. Qui plus est, cette inexactitude surgit dès les premières pages de ce qui est, apparemment, le récit véridique de la vie de Rousseau. Au reste, une nouvelle erreur survient quelques lignes après : Rousseau écrit que son oncle Bernard « se distingua au siège et à la bataille de Belgrade. » (p. 35) Or, à cette époque, son oncle se trouvait à Genève, et non à Belgrade. On pourrait ainsi s'étonner, se choquer même de ce qui semble être de la désinvolture à l'égard de la vérité. Il faut se garder d'une telle opinion, qui serait un contresens fondamental. En effet, dès la première page, l'auteur a pris la peine de préciser : « j'ai pu supposer vrai ce que je savais avoir pu l'être, jamais ce que je savais être faux. » (p. 33) Il n'y a pas lieu de le soupçonner de falsification. Il reconnaît que ses souvenirs présentent des lacunes : « s'il m'est arrivé d'employer quelque ornement indifférent, ce n'a jamais été que pour remplir un vide occasionné par mon défaut de mémoire » (p. 33).

L'erreur de date commise à propos des deux mariages permet avec force de saisir le sens même des *Confessions*. **Plutôt que la vérité des faits, Rousseau cherche à montrer au lecteur la vérité des sentiments liés aux faits.** Il avoue pouvoir se tromper sur des événements éloignés. En revanche, il affirme que ses sentiments ne sont pas en proie à l'erreur, qu'il les a conservés intacts à travers le temps. Au début du livre septième, Rousseau apporte sur ce point une explication essentielle : « Je n'ai qu'un guide fidèle sur lequel je puisse compter, c'est la chaîne des sentiments qui ont marqué la succession de mon être, et par eux celle des événements qui en ont été la cause ou l'effet. [...] Je puis faire des omissions dans les faits, des transpositions, des erreurs de dates ; mais je ne puis me tromper sur ce que j'ai senti, ni sur ce que mes sentiments m'ont fait faire ; et voilà de quoi principalement il s'agit. L'objet propre de mes confessions est de faire connaître exactement mon intérieur dans toutes les situations de ma vie. C'est l'histoire de mon âme que j'ai promise [...] » (p. 348). Ces lignes contribuent à éclairer le projet exposé au commencement du premier livre, en particulier lorsque Rousseau, s'adressant à Dieu, écrit : « Je me suis montré tel que je fus ; [...] j'ai dévoilé mon intérieur tel que tu l'as vu toi-même. » (p. 33-34) Rousseau veut se peindre dans toute sa vérité devant son lecteur. Pour cela, il s'appuie sur ses sentiments, infaillibles, bien supérieurs aux souvenirs des événements qui les ont provoqués ou qui en sont résultés. Comme le note J. Starobinski, « le sentiment est donc le cœur indestructible de la mémoire » (*Jean-Jacques Rousseau. La transparence et l'obstacle*, Gallimard, Paris, 1971, p. 235).

Dans le cas précis du double mariage, derrière l'erreur de date transparaît un sentiment profond. Le mariage du père et de la mère de Rousseau est resté dans sa mémoire affective comme un pur bonheur, une sorte de paradis perdu avant d'avoir été goûté, pour celui dont la naissance a causé la perte de sa mère. Or, selon Rousseau, ce mariage, longtemps contrarié par la différence de fortune entre les deux jeunes gens, n'a pu se faire que grâce à l'autre mariage, Théodora n'acceptant d'épouser Gabriel Bernard qu'à condition que son frère, Isaac, pût lui-même épouser Suzanne, la sœur de Gabriel Bernard. En outre, le double mariage représente un renforcement de cet état heureux qu'est la famille, puisqu'un frère et une sœur ont épousé une sœur et un frère. Cette situation idéale, un monde familial solidement constitué, offre un contraste absolu avec la dislocation de sa famille que Rousseau a connue par étapes successives, avec la disparition de sa mère, la fugue sans retour de son frère et le remariage de son père. Comme dans une temporalité merveilleuse, telle celle de la mythologie ou du conte de fées, l'idée, pour ne pas dire le rêve d'un double mariage apporte la touche la plus délicate à l'image d'un bonheur complet. **Rousseau s'est forgé un mythe antérieur à sa naissance, d'autant plus beau qu'il juge que sa vie a été malheureuse.**

3 QUEL MALHEUR ARRIVE À LA NAISSANCE DE ROUSSEAU ?

Il perd sa mère (I, p. 35).

Rousseau a souffert toute sa vie de n'avoir pas connu sa mère. **Cela a déterminé, dans une large mesure, la nature de ses relations avec les femmes.** Il a cherché auprès d'elles une affection, une tendre protection, qui lui ont fait défaut au commencement de son existence. Sa tante Suson, sœur de son père, lui a tenu lieu de mère, au cours de ses premières années. Vient ensuite Mlle Lambercier. Plus tard, c'est dans la personne de Mme de Warens qu'il trouve une présence aimante, bienveillante, capable de le guider. Faisant ce que la psychanalyse, qui n'existait pas encore à cette époque, appelle un transfert, il voit en elle une mère donnée par le hasard, pour tenir le rôle de celle dont l'a privé la naissance : il l'appelle « Maman ». Ce nom permet de comprendre combien sa relation avec celle qui devint pourtant, brièvement, sa maîtresse, est nourrie par un besoin affectif élémentaire, tout autant que par un désir amoureux : à l'assouvissement d'une sensualité adulte, Rousseau préfère la satisfaction d'une sensibilité d'enfant.

En outre, la mort de la mère de Rousseau, à sa naissance, place, aux yeux de l'auteur, sa vie entière sous le signe d'une triste fatalité : « ma naissance fut le premier de mes malheurs. » (p. 35) Son existence entière lui apparaît, rétrospectivement, comme une longue souffrance, seulement entrecoupée de rares et courtes périodes de bonheur : « Chère tante, je vous pardonne de m'avoir fait vivre » (p. 36), écrit Rousseau à la sœur de son père dont les soins l'ont sauvé. Ce malheur apparaît d'autant plus fort qu'il a succédé brutalement au bonheur d'Isaac et de Suzanne Rousseau. L'auteur établit un fort contraste entre ces deux époques : « Ma mère [...] aimait tendrement son mari ; elle le pressa de revenir : il quitta tout et revint. Je fus le triste fruit de ce retour. » (p. 35)

Encore que Rousseau ne soit, évidemment, pas coupable de la disparition de sa mère, l'idée d'une faute affleure dans le récit de l'événement : « je coûtai la vie à ma mère » (p. 35). Au reste, l'enfant est entretenu par son père dans le regret du bonheur dont il a involontairement causé la perte : « Jean-Jacques, parlons de ta mère [...] Ah ! disait-il en gémissant, rends-la-moi, console-moi d'elle, remplis le vide qu'elle a laissé dans mon âme. T'aimerais-je ainsi si tu n'étais que mon fils ? » (p. 36) Ainsi, pour l'écrivain, l'image même du commencement de sa vie est implicitement entachée de l'idée d'une faute. Peut-être faut-il y voir le germe du sentiment de culpabilité et du souci de justification qui l'ont conduit à écrire *Les Confessions*.

4 AUPRÈS DE QUELLE FEMME ROUSSEAU AIMAIT-IL À RESTER, DANS SON ENFANCE ?

Il s'agit de la tante Suson. (I, p. 39-41)

C'est avec émotion que Rousseau se rappelle et retrace la figure de sa tante, auprès de laquelle il a passé une large part de sa prime enfance. Il ouvre ainsi au lecteur sa mémoire affective. À proprement parler, la mémoire affective est la « mémoire des états affectifs[1] », distincte de la mémoire des faits. L'expression s'emploie parfois, dans un sens second, pour désigner le « souvenir des faits passés, en tant qu'il s'accompagne d'une richesse particulière d'états sentimentaux[2] ». Les deux formes de mémoire affective se rencontrent à maintes reprises dans les quatre

1. A. LALANDE, *Dictionnaire du vocabulaire technique et critique de la philosophie*, Paris, P.U.F., 3e édition, 1993, t. 2, p. 607-608.
2. *Ibid*.

premiers livres des *Confessions*. En évoquant le bonheur goûté auprès de sa tante, Rousseau conduit le lecteur vers l'intérieur de son être, conformément à son projet. Il laisse voir sa sensibilité, au temps de son enfance, mais aussi au moment où il se souvient de cette époque, puisque les chansons anciennes suscitent en lui une forte émotion. Ainsi, celle qu'il cite, et dont il se rappelle l'air et une partie des paroles, exerce sur lui un « charme attendrissant » (p. 41). Si la personne physique et intellectuelle de Rousseau a profondément changé depuis l'enfance, en revanche, la sensibilité assure la continuité de son être à travers le temps, la même chanson parvenant après plusieurs dizaines d'années à bouleverser l'homme vieillissant.

Marcel Raymond a comparé le premier livre des *Confessions* à l'ouverture d'une symphonie, qui contient les thèmes musicaux majeurs développés dans la suite de l'œuvre[1]. L'évocation de la tante Suson, à cet égard particulièrement riche, comporte plusieurs motifs importants. La passion pour la musique, transmise par la tante bien-aimée, est régulièrement mentionnée parmi les souvenirs de la jeunesse. Or, Rousseau préfère de loin la mélodie, air sans apprêt, à l'harmonie, air composé, qu'il trouve trop artificielle. Ce goût est déjà présent dans les « petits airs » entendus dans l'enfance (p. 40). En outre, la chanson citée appartient au genre de la bergerie. Elle peint avec délicatesse l'inclination amoureuse et la crainte de trop s'engager dans un tel sentiment. Lors de la journée passée avec Mlle Galley et Mlle de Graffenried, à Thônes, dans une ambiance bucolique, Rousseau aime à se laisser séduire, sans qu'à l'idylle succède une liaison plus forte (IV). L'oisiveté délicieuse de l'enfant aux côtés d'une tante douce et gaie préfigure les bonheurs de l'adolescent, puis du jeune adulte flânant dans le joyeux tourbillon de l'aimable Mme de Warens. Enfin, même un menu détail au sujet de la tante Suson paraît annoncer un autre moment de félicité ultérieure : l'enfant regardait sa tante « broder » (p. 40). Le jour où l'adolescent est entré dans la chambre de Mme Basile, à Turin, « elle brodait » (II, p. 114). La quête du bonheur semble s'identifier pour Rousseau à la recherche du bonheur évanoui des premières années, soit au cours de sa vie, soit grâce à la recomposition littéraire des souvenirs.

1. *Jean-Jacques Rousseau, La quête de soi et la rêverie*, Paris, Librairie José Corti, 1962, p. 91.

5 QUEL SENTIMENT ROUSSEAU A-T-IL ÉPROUVÉ EN RECEVANT UNE FESSÉE DE MLLE LAMBERCIER ?

Il a ressenti un vif plaisir. (I, p. 44-45)

La fessée donnée par Mlle Lambercier, suivie d'une « récidive », est pour l'enfant une révélation profonde. Loin d'être vu comme une humiliation pénible et douloureuse, ce qui était l'effet recherché, le châtiment corporel fait découvrir à Rousseau une forme intense de sensualité. **Cette expérience fondatrice constitue la découverte de la sexualité.** Mlle Lambercier s'en rend compte : désormais, il n'est plus question pour les deux cousins de coucher dans sa chambre, encore moins dans son lit. Rousseau perçoit en lui-même une forme particulière de désir, qui, avoue-t-il, ne l'a plus quitté par la suite, même à l'âge adulte. Le désir de recevoir une fessée est classé, depuis l'élaboration de la science psychanalytique, parmi les manifestations du masochisme, la jouissance provenant de la souffrance. Mais, la révélation d'un aspect de la sexualité, aussi forte soit-elle, provoque également une ignorance durable de l'aboutissement de la sexualité, l'union physique : « je ne savais porter mes désirs que vers l'espèce de volupté qui m'était connue, sans aller jamais jusqu'à celle qu'on m'avait rendue haïssable et qui tenait de si près à l'autre sans que j'en eusse le moindre soupçon. » (p. 46-47)

En parlant des deux fessées données par Mlle Lambercier, **Rousseau fait un aveu à la fois déroutant et primordial.** L'auteur a promis, dès le début, de ne rien cacher à son propre sujet. Il respecte son engagement, en donnant à voir la dimension la plus intime de son être. Mais l'aveu a de quoi surprendre le lecteur. En effet, Rousseau a été mis en cause par un libelle anonyme pour l'abandon de ses enfants, faute commise au détriment d'autres personnes. Or, les fessées de Bossey ne causent de tort à personne et ne concernent, dans leurs effets sensibles et leurs conséquences psychologiques, que Rousseau lui-même et, incidemment, Mlle Lambercier, ce qui n'est pas le cas des deux autres aveux, l'accusation mensongère portée contre Marion (II) et l'abandon de Le Maître (III). Force est alors de se demander pourquoi un tel aveu est fait. Une première réponse concerne bel et bien le lecteur. En révélant son goût, l'auteur peint un aspect singulier de son caractère, qu'il ne cesse de juger différent de tous les autres. Il aide donc le lecteur à le connaître. En outre, le cas est exemplaire pour le théoricien de l'éducation qu'est Rousseau. À cause d'une éducation indifférenciée, faute d'une application adaptée à l'enfant, le châtiment, conçu comme principe éducatif, obtient l'effet inverse de celui qu'il vise, et dénature l'élève.

Une autre réponse se tourne dans la seule direction de Rousseau. **L'aveu est fait aussi à soi-même.** Dans son entreprise autobiographique, l'écrivain cherche à connaître son identité, à savoir quel homme il est. Aussi l'aveu d'une circonstance qui, au bout du compte, n'implique guère que lui-même, pour cette raison précise, le concerne entièrement. L'épisode d'un fait qui peut paraître anecdotique, vu de l'extérieur, n'occupe, avec les développements qui l'accompagnent, pas moins du dixième du premier livre. Rousseau cherche minutieusement à faire la lumière sur une part trouble de lui-même, l'apparition du désir. De fait, avec la fessée, c'est l'innocence de l'enfance qui s'évanouit, laissant la place au sentiment adulte de la culpabilité, dans un univers religieux puritain, où le sexe est chose répréhensible, car liée au péché. La fessée est un acte d'individuation, elle a pour résultat une prise de conscience de soi par rapport aux autres, dans la perception épidermique et frémissante des limites de son corps, en proie au désir, qui se manifeste, physiologiquement, par « quelque signe » (p. 45). Elle provoque aussi une prise de conscience de sa relation avec autrui, puisque la volupté vient d'un autre être. Or, Rousseau ne cesse de s'analyser, dans sa singularité physique et affective, et de passer au crible la nature de ses rapports avec les autres. Rousseau n'emploie jamais le mot de « fessée », mais ceux de « punition des enfants » et de « châtiment d'enfant ». Faut-il voir dans les circonlocutions, les euphémismes, les réticences et les allusions qui abondent dans l'épisode un embarras conçu à l'égard du seul public ? La difficulté est peut-être d'abord ressentie vis-à-vis de soi-même. Tout en dévoilant le fait, Rousseau en voile l'expression. La confession, adressée à autrui, se double d'un délicat examen de conscience, pour soi. Les aveux les plus difficiles sont ceux qui placent un être en face de lui-même. Aussi Rousseau peut-il, au terme de l'aveu, affronter ceux qui suivent, en présence du lecteur et face à lui-même : « J'ai fait le premier pas et le plus pénible dans le labyrinthe obscur et fangeux de mes confessions. » (p. 48)

6 DE QUELLE FAUTE ROUSSEAU A-T-IL ÉTÉ ACCUSÉ À TORT, À BOSSEY ?

Il a été accusé d'avoir brisé un peigne de Mlle Lambercier. (I, p. 48-49)

Au moment où Rousseau rappelle le fait et en expose les conséquences, il leur accorde la même gravité qu'à l'époque, alors que près d'un demi-siècle s'est écoulé depuis. Il continue à protester de son innocence avec la plus vigoureuse solennité : « je déclare à la face du Ciel que j'en étais innocent » (p. 49). C'est qu'il ne s'agit pas, pour lui, d'un simple malentendu. **De cet épisode date pour Rousseau la découverte brutale de l'injustice.** De sa triste expérience personnelle, il s'est élevé, par la suite, jusqu'à un sentiment universel : « mon cœur s'enflamme au spectacle ou au récit de toute action injuste, quel qu'en soit l'objet et en quelque lieu qu'elle se commette, comme si l'effet en retombait sur moi. [...] Ce mouvement peut m'être naturel, et je crois qu'il l'est ; mais le souvenir profond de la première injustice que j'ai soufferte y fut trop longtemps et trop fortement lié pour ne l'avoir pas beaucoup renforcé. » (p. 50-51) Pareille déclaration doit être mise en relation avec la raison d'être de l'œuvre : **Rousseau rédige *Les Confessions* parce qu'il s'estime victime d'une injustice. Le jugement que les hommes portent sur lui étant faux, il écrit pour leur dévoiler sa vérité intérieure.**

En outre, l'accusation et la punition injustes dont Rousseau a été victime marquent une rupture dans son existence : « Là fut le terme de la sérénité de ma vie enfantine. » (p. 51) L'auteur en parle avec les termes les plus forts, car il s'agit pour lui et pour son cousin, également meurtri par une autre injustice, de la fin du paradis de l'enfance, d'une vie édénique au sein de la nature souriante et généreuse de Bossey : « Nous restâmes encore à Bossey quelques mois. Nous y fûmes comme on nous représente le premier homme encore dans le paradis terrestre, mais ayant cessé d'en jouir » (p. 51). Le décalage entre le moment de l'accusation injuste et celui du départ met en évidence un point majeur chez Rousseau : ce ne sont pas les faits en eux-mêmes qui comptent, comme dans les autres récits autobiographiques. L'essentiel réside dans les sentiments liés aux événements. Peu importe de rester encore auprès du pasteur Lambercier et de sa sœur. Ils ont causé une souffrance irréparable : désormais, tout a changé. Pour Rousseau, la chronologie des faits compte infiniment moins que la chronique de l'état de son âme.

7 QUELLE EST LA DERNIÈRE ANECDOTE RACONTÉE À PROPOS DE BOSSEY ?

Il s'agit de l'histoire du noyer de la terrasse. (I, p. 52-56)

La période de Bossey est, chez Rousseau, intimement liée au sentiment du bonheur. C'est là qu'il a découvert la nature, qui, pour l'écrivain, n'est pas une notion abstraite, mais une sensation intense, mêlant sérénité intérieure et plénitude de l'être. **Bossey est le lieu de l'harmonie.** Les jeux sont une détente entre les heures d'étude, qui n'ont jamais pesé à l'enfant. Au reste, la nature accompagne doucement l'étude : « Je vois [...] une hirondelle entrant par la fenêtre, une mouche se poser sur ma main tandis que je récitais ma leçon » (p. 52). Symbole de l'accord entre la nature et l'étude, entre l'extérieur et l'intérieur, les framboisiers « venaient ombrager la fenêtre, et passaient quelquefois jusqu'en dedans. » (p. 52) Rousseau garde la nostalgie de cette période : « La manière dont je vivais à Bossey me convenait si bien, qu'il ne lui a manqué que de durer plus longtemps pour fixer absolument mon caractère. » (p. 43)

L'évocation du long séjour de Bossey fait apparaître le rôle de l'écriture par rapport au souvenir. Rousseau choisit quelques éléments capables de rendre, c'est-à-dire de montrer, mais aussi de ressusciter, le lieu et le temps de Bossey, et le sentiment qui s'y trouve associé. Peintre de la nuance et de la sensibilité, il procède par petites touches. Il trace d'un trait rapide les silhouettes de « la servante ou » du « valet agissant dans la chambre », puis esquisse l'arrivée d'une hirondelle et celle d'une mouche (p. 52). La peinture se fait de plus en plus menue, depuis les personnes humaines jusqu'à l'insecte. Selon l'heureuse formule de Jean-François Perrin, « Rousseau a inventé une *poétique de l'infime*, qui dit le rien comme métonymie du tout[1] ». Les détails sont chargés de faire surgir l'émotion à laquelle ils furent liés, de signifier l'état affectif de ce temps révolu. Domestiques, hirondelle et mouche sont présentés en mouvement. Le procédé ranime la période de Bossey et lui rend précisément le mouvement du temps en cours. La narration semblait en avoir fini avec Bossey, l'épisode du peigne brisé et de l'injustice découverte alors paraissant en marquer le terme, souligné par l'emploi du passé simple, signifiant une rupture brutale et irrémédiable : « on se dégoûta de nous ; mon oncle nous retira, et nous nous séparâmes de M. et Mlle Lambercier » (p. 52). Mais, dans le paragraphe suivant, Rousseau revient à Bossey, par le

1. *Les Confessions*, Paris, Folio, « Foliothèque » 62, 1997, p. 133.

souvenir et l'écriture, et le temps du présent, « Je vois » (p. 52). Bien plus qu'un présent de narration, c'est un présent éternel, atemporel, car l'écriture du souvenir place la période heureuse hors du temps fugace. En écrivant, Rousseau choisit des faits exemplaires. S'adressant au lecteur, il lui propose de lire une anecdote, celle du noyer de la terrasse, parmi les cinq ou six qui l'ont marqué : « Je vous fais grâce des cinq ; mais j'en veux une, une seule, pourvu qu'on me la laisse conter le plus longuement qu'il me sera possible, pour prolonger mon plaisir. » (p. 52) Le souvenir ému de la plantation du noyer et de la bouture clandestine de saule ramène Rousseau à l'époque de Bossey ou plutôt ramène cette période à la surface du souvenir, à l'âge où l'écrivain se sent vieillir. La période de Bossey, longtemps oubliée, revient avec force : « depuis qu'ayant passé l'âge mûr je décline vers la vieillesse, je sens que ces mêmes souvenirs renaissent » (p. 52). **Pour Rousseau, en quête de lui-même, l'écriture assure la cohésion de l'être à travers le temps.**

8 DE QUI ROUSSEAU EST-IL AMOUREUX EN MÊME TEMPS, À NYON ?

Il aime Mlle de Vulson et Mlle Goton. (I, p. 58-62)

L'attachement pour les deux jeunes filles permet de voir la dualité du sentiment amoureux chez Rousseau. Il s'agit d'un trait permanent de son caractère : « Tout le cours de ma vie s'est partagé entre ces deux amours de si diverses natures » (p. 58). Les deux formes, qui sont loin d'être incompatibles, comme le prouvent les liaisons simultanées de Nyon, constituent les deux pôles opposés de l'amour chez Rousseau. L'un est un amour de « tête » (p. 58), platonique. L'autre est marqué par le désir, il est sensuel. Au reste, cette distinction peut être rapprochée d'une autre forme de dualité que Rousseau observe dans son tempérament, son impétuosité jointe à sa lenteur de réflexion (III, p. 158). La dualité apparaît ainsi comme fondamentale dans le caractère de Rousseau. L'amour sensuel recherché auprès de Mlle Goton prolonge et confirme le désir apparu sous la main de Mlle Lambercier. Lors des « tête-à-tête assez courts, mais assez vifs », Mlle Goton « daignait *faire la maîtresse d'école* » (p. 59). La périphrase rappelle celle par laquelle est désignée la fessée de Bossey, « la punition des enfants » (p. 44). Lorsque des petits filles raillent l'enfant, en lui disant : « Goton *tic tac* Rousseau » (p. 59), l'onomatopée rappelle ce qu'il cherchait auprès de Mlle Goton. Dans ces rencontres, le trouble provoqué par le désir est à son comble : « en voyant seulement Mlle Goton, je ne voyais plus rien ; tous mes sens étaient bouleversés. » (p. 60) À l'inverse, auprès de Mlle de Vulson, Rousseau se conduit en sigisbée. Si les deux amours peuvent être ressentis en même temps, auprès de deux femmes différentes, un même amour pour une seule femme peut aussi réunir les deux aspirations, ainsi avec Mme de Warens.

Chez Rousseau, ainsi qu'il apparaît dans les premiers livres des *Confessions*, **la sexualité est l'objet d'un trouble profond.** L'union physique suscite réprobation et dégoût (I, p. 46). L'auteur use de mots violents à l'égard des prostituées, dont les « accouplements » sont comparés à « ceux des chiennes » (p. 46), comme envers les femmes catéchumènes, « les plus grandes salopes et les plus vilaines coureuses qui jamais aient empuanti le bercail du Seigneur. » (II, p. 97) Quand il est question des manifestations de sa propre sexualité, Rousseau emploie constamment des expressions édulcorées, signe majeur de son trouble. Il revient souvent sur son ignorance sexuelle, au cours de sa jeunesse, malgré « un tempérament très ardent, très lascif, très précoce » (p. 47). À la source de son jugement et de son ignorance se trouve son éducation protestante. Entre vertu et vice, la pudeur ne reconnaît pas de moyen terme. L'ignorance est gage d'innocence, la connaissance de la chair étant liée à l'idée du péché.

9 QUELS MÉFAITS ROUSSEAU COMMET-IL, DURANT SON APPRENTISSAGE CHEZ UN GRAVEUR ?

Il prend l'habitude de voler. (I, p. 63-68)

Le temps passé en apprentissage chez le graveur Ducommun, à Genève, constitue une triste période de la jeunesse de Rousseau. De ses premières années, passées dans la compagnie de son père et de sa tante, puis, à Bossey, chez le pasteur Lambercier, Rousseau a gardé le souvenir d'une vie heureuse et d'une éducation juste et vertueuse. Il en va tout autrement après le départ de Bossey. À l'échec du bref passage chez le greffier Masseron succède la descente progressive sur la voie des vices, chez Ducommun : « durant mon apprentissage, je passai de la sublimité de l'héroïsme à la bassesse d'un vaurien. » (p. 72-73) Le contraste est si fort entre l'éducation bienfaisante de Bossey et l'éducation pervertissante du graveur que Rousseau se juge indigne de ses anciens maîtres, M. et Mlle Lambercier : « j'eus honte de me représenter à eux, et ne les ai plus revus depuis lors. » (p. 63) Deux épisodes comparables, appartenant aux deux époques, méritent d'être opposés. La découverte par M. Lambercier de l'eau dérobée au noyer pour arroser la bouture de saule plantée par Jean-Jacques et son cousin n'a pas de conséquence fâcheuse : une fois l'aqueduc détruit, les deux cousins entendent le pasteur rire de cette charmante « friponnerie » (p. 55). Ducommun, lui, châtie Rousseau, qui a tenté de voler des pommes (p. 67).

Si Rousseau ne garde aucun remords des vols commis au cours de cette époque, ce n'est pas qu'il s'accorde facilement le pardon de telles fautes. Mais, il se considère comme innocent de ses larcins, et en impute entièrement la faute à Ducommun : « La tyrannie de mon maître finit par me rendre insupportable le travail que j'aurais aimé, et par me donner des vices que j'aurais haïs, tels que le mensonge, la fainéantise, le vol. » (p. 63) Écarté du repas au moment du dessert, selon l'usage en vigueur alors pendant l'apprentissage, Rousseau éprouve le sentiment d'une cruelle injustice : « la sobriété ne m'était pénible qu'en la lui voyant si mal garder », écrit-il à propos de Ducommun (p. 66). Aussi se met-il en tête de voler des pommes dont il était privé. Loin de s'en repentir, après avoir été surpris et corrigé par son maître, il se juge fondé à poursuivre ses tentatives : les « mauvais traitements [...] [lui] parurent enfin une sorte de compensation du vol, qui [le] mettait en droit de le continuer. » (p. 67) **L'éducation viciée du maître pousse l'apprenti vers le vice.**

De son expérience, Rousseau tire une réflexion de portée générale : « La convoitise et l'impuissance mènent toujours là. Voilà pourquoi tous les laquais sont fripons, et pourquoi tous les apprentis doivent l'être ; mais dans un état égal et tranquille, où tout ce qu'ils voient est à leur portée, ces derniers perdent en grandissant ce honteux penchant. » (p. 65) Ces propos doivent être rapprochés d'un épisode de *La Nouvelle Héloïse*. Touché par la sobriété de ses domestiques, qui, au contact de maîtres justes, sont devenus eux-mêmes honnêtes et n'ont pas pris l'habitude de dérober leur vin, le personnage de Wolmar décide de ne plus laisser fermée à clef la porte de sa cave. Confiant dans l'exemple de la vertu, Rousseau conclut ainsi l'épisode : « Lecteurs à beaux laquais, ne demandez point avec un ris moqueur où l'on avait pris ces gens-là. [...] on ne les avait point pris, on les avait faits. [...] Les hommes en général ne sont point ceci ou cela : ils sont ce qu'on les fait être. » **L'expérience négative du jeune Rousseau chez Ducommun a nourri la réflexion de l'adulte, théoricien de l'éducation et des rapports sociaux.**

10 QUI EST « LA TRIBU » ?

Cette femme était une loueuse de livres, à Genève, durant la jeunesse de Rousseau. (I, p. 73)

Ennuyé du travail ainsi que des jeux de ses camarades, **durant son apprentissage, Rousseau s'est livré furieusement à la lecture** : « En moins d'un an j'épuisai la mince boutique de la Tribu » (p. 74). En retraçant cette période, l'écrivain montre quels ont été pour lui, alors, les méfaits de la lecture. Il s'y absorbait entièrement, au point d'oublier ce qui l'entourait (p. 73). Pis encore, pour assouvir son goût frénétique, il sacrifiait tout son argent et même, à défaut, ses vêtements. **Il s'agit à proprement parler d'une forme d'aliénation**, l'adolescent ne dominant plus sa raison ni son maigre bien. Encore Rousseau s'abstient-il, « tant par dégoût que par honte » de la lecture des « livres obscènes et licencieux » que la loueuse cherchait pernicieusement à lui faire découvrir (p. 74). Cette femme de mauvaise fréquentation dans la cité calviniste apparaît comme une entremetteuse de livres. Du reste, en 1727, le Consistoire de Genève l'accusa de détourner les jeunes gens des catéchismes et des sermons, en les attirant chez elle, afin de leur vendre des livres.

Mais la loueuse n'est pas une figure à isoler du reste de l'œuvre et de la vie de Rousseau. Elle représente seulement un point extrême d'une menace plus générale. Cette époque de lecture insatiable doit être rapprochée de celle pendant laquelle Rousseau enfant lisait avec son père, jusqu'à l'aube. Avec le recul du temps, l'auteur juge que cette pratique, conçue au départ pour qu'il pût « [s'] exercer à la lecture par des livres amusants » était une « *dangereuse* méthode » (I, p. 37). Les émotions ainsi procurées par une lecture précoce et indistincte lui « donnèrent de la vie humaine des notions bizarres et romanesques, dont l'expérience et la réflexion n'ont jamais bien pu [le] *guérir* », véritable maladie de l'âme. **La lecture constitue une dénaturation de l'enfant** : « Je n'avais aucune idée des choses, que tous les sentiments m'étaient déjà connus. » (p. 37) Dans le *Discours sur les sciences et les arts*, Rousseau condamne la civilisation corruptrice, qui a éloigné l'homme de l'état de nature bienheureux, en l'amenant à acquérir une conscience de soi. Or, l'écrivain déplore dans le même esprit ses premières lectures : « c'est le temps d'où je date sans interruption *la conscience de moi-même*. » (p. 36) La défiance de Rousseau pourrait se résumer dans la formule employée par son contemporain, Voltaire — mais avec ironie —, quand il parle de « l'horrible danger de la lecture ».

Curieusement, l'ouvrage que sont *Les Confessions* mettent le lecteur en garde contre la lecture.

Mais la position de Rousseau à l'égard des livres est ambiguë. S'il en est de corrupteurs, d'autres, en revanche, sont profitables. Ainsi, la bibliothèque de son grand-père, mieux formée que celle de sa mère, lui fait connaître « de bons livres », des classiques (p. 37). La fréquentation assidue de Plutarque le « guérit un peu des romans ». Elle lui permet de se pénétrer de la vertu républicaine des anciens, Grecs et Romains (p. 37-38). En outre, l'écrivain croit au bienfait du livre que sont précisément *Les Confessions* : le lecteur peut s'amender, s'élever vers la justice et la vérité, en réfléchissant sur sa vie et sur ses sentiments, comme l'auteur le fait sous ses yeux, au fil des pages. Enfin, les livres possèdent pour Rousseau une éminente qualité, sur un autre plan. Ils sont capables d'apporter la consolation aux souffrances infligées par la réalité. Les lectures romanesques dues à La Tribu ont au moins le mérite de nourrir l'imagination de l'apprenti et de lui faire « oublier [s]on état réel dont [il] étai[t] si mécontent. » (I, p. 75) L'homme plus âgé qui rédige *Les Confessions*, à l'écart du monde qui l'a meurtri, fait-il autre chose ? Prenant appui sur ses souvenirs, son imagination se laisse délicieusement ravir par le charme des moments retrouvés. En peignant les bonheurs évanouis, Rousseau les ressuscite. Dans sa jeunesse comme dans son âge mûr, en lisant, en écrivant, il reçoit de certains livres le baume seul capable d'apaiser les blessures de l'existence.

11 SUR QUEL ÉPISODE S'ACHÈVE LE PREMIER LIVRE ?

Un dimanche, pour la troisième fois, Rousseau se heurte aux portes fermées de la ville de Genève. Résolu à ne pas subir le châtiment dont l'a menacé le graveur Ducommun, il choisit de partir. (I, p. 75-77)

Cet épisode marque la fin d'une époque. Jusque-là, Rousseau a toujours vécu en Suisse, que ce soit à Genève ou à Bossey. Jusque-là, même s'il a plusieurs fois changé de lieu d'habitation, chacune de ces périodes a été durable, exception faite du bref apprentissage chez le greffier Masseron. Jusque-là, ce sont d'autres personnes qui ont décidé de son sort : après sa première enfance, auprès de son père et de sa tante Suson, il a été placé chez le pasteur Lambercier, puis mis en apprentissage. Désormais, Rousseau quitte la Suisse ; il ne cesse de voyager, pendant des années ; il a lui-même choisi de partir. De la manière la plus significative, Rousseau fait le récit d'une scène d'adieu : l'adolescent revoit, pour la dernière fois de sa vie, son cousin Bernard. En quittant celui qui était son compagnon à Bossey, celui qui fut son premier ami, **Rousseau fait gravement ses adieux à l'enfance heureuse.**

En retraçant les circonstances qui l'ont conduit à quitter sa patrie, Rousseau souligne le rôle de « la fatalité » dans « [s]a destinée » (p. 77). En effet, c'est à la malencontreuse initiative d'un capitaine, qui ferme la porte plus tôt que prévu, que le jeune apprenti doit de ne pas pouvoir revenir à temps. De même, selon Rousseau, le graveur Ducommun est cause de l'infortune de sa vie, qui aurait été tout autre s'il « étai[t] tombé dans les mains d'un meilleur maître. » (p. 77) Dans la dernière page du livre premier, l'auteur brosse longuement le tableau, imaginaire et idéal, de l'existence qu'il aurait pu mener, en étant graveur à Genève, si la mauvaiseté de Ducommun n'avait pas contrarié son bonheur : « J'aurais été bon chrétien, bon citoyen, bon père de famille, bon ami, bon ouvrier, bon homme en toute chose. J'aurais aimé mon état, je l'aurais honoré peut-être, et après avoir passé une vie obscure et simple, mais égale et douce, je serais mort paisiblement dans le sein des miens. » (p. 78) Les irréels du passé expriment les regrets d'un homme qui livre, dans son autobiographie, son amertume devant un sort qui lui a été contraire. **Le sentiment de la fatalité est présent depuis le début des *Confessions*.** Ainsi la fin du premier livre reste-t-elle dans le ton de l'ensemble de cette partie. Toutefois, une nuance importante apparaît ici : auparavant, Rousseau a subi son destin. En décidant de partir, il anticipe, pour ainsi dire, sur les arrêts capricieux du sort. Il ne prétend certes pas s'y soustraire, du moins est-il prêt à se jeter dans le courant qui l'a déjà tant de fois ballotté. Son audacieuse résolution marque, elle aussi, le passage de l'enfance à l'âge adulte, ou, tout au moins, à ses prémices, l'adolescence.

Enfin, **le dernier épisode du premier livre est raconté sur un mode proprement romanesque**. La fermeture des portes et la course de Rousseau offrent matière à un court, mais intense suspens. L'auteur passe du passé simple et de l'imparfait au présent de narration : « À demi-lieue de la ville, j'entends sonner la retraite ; je double le pas [...] » (p. 76). La phrase qui commence ainsi, avec ses propositions indépendantes rapides, sa ponctuation énergique, où le point-virgule tient la meilleure place, rend compte à merveille de l'émotion de l'apprenti. La phrase suivante tranche par sa vigoureuse brièveté : « Il était trop tard. » La scène d'adieu est également fort romanesque : voici le jeune Jean-Jacques prêt à parcourir le monde au hasard, tel un chevalier errant, que le cousin Bernard adoube à sa façon, en lui remettant « une petite épée » (p. 77). Au XVIIIe siècle, les romans d'aventures abondent ; Rousseau en a lu un grand nombre. En recourant à une narration romanesque, l'écrivain ne cherche pas à abuser son lecteur, en lui faisant croire à quelque fiction. Au contraire, il rapporte la vérité, mais en la présentant avec le plus de force et d'émotion possible. Pour mieux toucher le lecteur, la vérité se pare de l'éclat du roman. Elle devient visible. La réflexion de l'auteur sur le bonheur manqué de sa vie, dans la toute dernière page, peut alors succéder au récit des faits et leur donner un sens.

LIVRE SECOND

12 QUELLE IMPRESSION PRODUIT SUR ROUSSEAU LA RENCONTRE DE MADAME DE WARENS ?

Il est ébloui. (II, p. 82-84)

La rencontre de Mme de Warens est décrite comme un coup de foudre, dans le goût des romans de l'époque. Le coup de foudre naît du regard. L'anglais, à cet égard plus explicite que le français, parle d'« amour au premier regard », *love at first sight*. Le vocabulaire relatif à la vue parcourt le passage : « je la vois », « Que devins-je à cette vue ! », « je vois », « Rien n'échappa au rapide coup d'œil du jeune prosélyte ». Nul attrait ne manque à la beauté de la femme aimée : « Je vois un visage pétri de grâces, de beaux yeux bleus pleins de douceur, un teint éblouissant, le contour d'une gorge enchanteresse. » Le transport de l'adolescent est d'autant plus grand qu'il s'attendait à trouver « une vieille dévote bien rechignée ». Le coup de foudre est à la mesure du coup de théâtre, dans une scène digne du genre dramatique. L'être capable d'inspirer un sentiment aussi puissant ne manque pas d'être divinisé : « Que ne puis-je entourer d'un balustre d'or cette heureuse place ! que n'y puis-je attirer les hommages de toute la terre ! Quiconque aime à honorer les monuments du salut des hommes n'en devrait approcher qu'à genoux. »

Si la rencontre est peinte dans ce seul endroit des *Confessions*, il convient de remarquer que le récit est fait en trois temps, proches, mais distincts. En effet, alors que le premier regard est unique, Rousseau en fait trois fois mention. La première apparition du regard dans le texte, « je vois Mme de Warens », est suivi d'un autoportrait du visage de Rousseau, puis de quelques précisions, sur sa timidité et sur la lettre écrite par l'apprenti. Ainsi la narration de la rencontre s'interrompt-elle aussitôt après avoir commencé. La deuxième mention du même regard, « je la vois, je l'atteins, je lui parle... », est précédée d'une circonstance absente de la première ébauche de récit : Mme de Warens étant absente, Rousseau est parti vers l'église, afin de la trouver. Le récit débute donc plus tôt que la première fois. Mais, comme la première fois, il est suspendu, Rousseau exprimant, l'espace de quelques lignes, sa vénération pour le lieu de la rencontre. Une troisième expression, « Que devins-je à cette vue ! », rend également compte du regard initial. De même que pour le deuxième récit, une circonstance est présentée auparavant, il s'agit de la configuration des lieux, détail précis qui suit logiquement la célébration émue, mais abstraite, de l'endroit. Seul le troisième récit se poursuit jusqu'à son terme. En montrant ainsi trois fois le moment du regard, Rousseau en démultiplie l'effet, et donne plus fortement à sentir au lecteur l'impact de cet instant qui a déterminé sa vie entière. Le procédé est proche de celui qu'emploie le cinéma, lorsqu'une même scène, essentielle, est projetée plusieurs fois, d'une manière identique ou bien sous un angle différent ou encore dans une séquence temporelle qui ne correspond pas entièrement à la première. Le ralenti accompagne souvent ce procédé, pour accroître l'impression visuelle. La répétition du moment du regard est donc un procédé esthétique apte à marquer le lecteur, à lui transmettre l'impression éprouvée. Mais, sous ce rôle externe de l'écriture apparaît un rôle interne. En rappelant, comme inlassablement, le moment du premier regard, Rousseau le rend présent autant qu'il le veut. La réalité de la rencontre est passée depuis fort longtemps, mais l'écriture du souvenir abolit le temps.

13 QUEL JOUR ROUSSEAU A-T-IL RENCONTRÉ MADAME DE WARENS POUR LA PREMIÈRE FOIS ?

« C'était le jour des Rameaux de l'année 1728. » (II, p. 83)

La divinisation de l'être aimé, toute traditionnelle qu'elle est, ne se réduit pas aux seules lois stéréotypées de la rhétorique amoureuse des romans. En premier lieu, par un habile glissement, **Rousseau présente son abjuration du protestantisme, qu'il s'apprête à prononcer, comme une conséquence inévitable de la rencontre. Il est forcé par la religion du cœur à renoncer à la religion de sa naissance.** Cela est exprimé dans un style précieux, qui mêle sens propre et sens métaphorique : « Rien n'échappa au rapide coup d'œil du jeune prosélyte ; car je devins à l'instant le sien, sûr qu'une religion prêchée par de tels missionnaires ne pouvait manquer de mener en paradis. » Ainsi Rousseau s'explique-t-il à lui-même sa conversion au catholicisme. Il se disculpe par avance et s'épargne le remords de l'apostasie. Au reste, les circonstances mêmes prennent implicitement une valeur symbolique. La rencontre se produit le jour des Rameaux, qui célèbre l'entrée triomphale du Christ à Jérusalem et prépare la résurrection de Pâques. À sa façon, Rousseau peut espérer naître à une vie nouvelle, par son baptême catholique. Mme de Warens se dirige vers une église, paraissant ainsi montrer la voie où s'engager.

Mais, et cela est encore plus important **pour Rousseau, la rencontre de Mme de Warens correspond à une conception religieuse toute personnelle.** Son évolution spirituelle l'a conduit à devenir l'adepte d'une religion naturelle. Entre Dieu et les hommes, il regrette de voir s'interposer les églises et les ouvrages de théologie. Seul l'Être suprême peut établir une communion avec les hommes, sans avoir à passer par la parole, source de malentendus. Il forme le rêve d'une communion immédiate entre les hommes, qui serait alors de nature divine. Cette sympathie des âmes, il croit l'avoir trouvée avec Mme de Warens. S'il y a coup de foudre, il est d'un genre unique, relevant d'un amour qui dépasse le plaisir des sens, c'est une affection mystique et spontanée entre deux cœurs. Voilà ce qu'il éprouve en rencontrant sa protectrice. Le moyen trop humain que sont les paroles s'efface dès le premier regard : « je lui parle... ». Tout est dit, tout est compris avec un seul regard. L'écrit, parole mûrie mais aussi figée, peut également faire obstacle à la communication des idées et des sentiments, selon Rousseau, qui n'a cessé de craindre que ses ouvrages et ses lettres ne soient pas compris. Par un miraculeux effet de la communion des cœurs, Mme de Warens « prend en souriant la lettre » composée par Rousseau, regardant à peine celle de M. de Pontverre. Elle la « lit tout entière, et [l']eût relue encore », si elle n'avait pas été interrompue par son laquais.

14 DE QUELLE MANIÈRE MADAME DE WARENS A-T-ELLE QUITTÉ SON MARI ?

Elle s'est enfuie. (II, p. 84)

Elle « abandonn[a] [...] son mari, sa famille et son pays, par une étourderie assez semblable à la mienne » (p. 84). Elle est, en effet, partie aussi brusquement de chez elle que Rousseau de Genève. **De nombreux**

points communs unissent Mme de Warens et Rousseau. La Suisse est leur pays natal. Tous deux ont perdu leur mère à la naissance (p. 85). « Son éducation avait été fort mêlée » (p. 85), note Rousseau, qui a lui-même reçu une éducation discontinue. Ils ont l'un et l'autre abjuré la religion protestante pour le catholicisme. Le manque d'argent a compliqué, à certains moments, la vie de chacun, Mme de Warens finissant la sienne dans le dénuement. Leurs caractères sont également proches : elle se passionne pour les élixirs et la botanique, il s'enflamme pour la musique. Esprits entreprenants, fertiles, mais rêveurs et fantasques, ils aiment à concevoir de vastes projets.

Uni à Mme de Warens par tant de points communs, l'écrivain voit en elle la personne dont il se sentait le plus proche. À ses yeux, leur relation est d'une nature unique, qui diffère du sentiment amoureux (II, p. 87-88). Elle est tout à la fois « une tendre mère, une sœur chérie, une délicieuse amie » (III, p. 153). **Intimement, spontanément liés par des affinités électives, ils sont deux âmes sœurs** : « Que ceux qui nient la sympathie des âmes expliquent, s'ils peuvent, comment, de la première entrevue, du premier mot, du premier regard, Mme de Warens m'inspira non seulement le plus vif attachement, mais une confiance parfaite et qui ne s'est jamais démentie. » (p. 87) Il n'ont pas besoin de passer par des paroles pour se connaître et se comprendre. Cela est fondamental pour Rousseau, qui considère ordinairement la parole comme un obstacle, source menaçante de malentendus dans la relation avec les autres. Entre eux, les paroles sont un délice supplémentaire : « Nos tête-à-tête étaient moins des entretiens qu'un babil intarissable » (III, p. 151). Dans nombre de scènes charmantes, Rousseau a fait la peinture de cette tendre connivence, à Annecy, après son retour de Turin, au cours du livre troisième.

Mme de Warens est aussi une médiatrice entre le monde et Rousseau, à la fois guide et protectrice. Âgée d'une douzaine d'années de plus que lui, elle le fait profiter de l'usage de la société qu'elle a acquis et cherche à lui épargner les embarras qu'elle a elle-même connus. Lors du dîner qui suit leur rencontre, son premier sentiment est d'éviter à l'adolescent les complications de l'exil : « Elle n'osait m'exhorter à retourner à Genève. [...] Mais elle me parlait d'un ton si touchant de l'affliction de mon père, qu'on voyait bien qu'elle eût approuvé que j'allasse le consoler. » (II, p. 88) Mme de Warens se soucie de trouver un emploi au jeune homme, quand il est revenu d'Italie (troisième et quatrième livres). Elle pousse sa sollicitude jusqu'à lui faire découvrir la réalité de l'amour, quand elle juge que le temps de cette éducation-là est venu, afin de prévenir le jeune homme contre les entreprises des séductrices (V, p. 251-255) : « Maman vit que, pour m'arracher aux périls de ma jeunesse, il était temps de me traiter en homme. » (V, p. 251)

15 DANS QUEL LIEU ROUSSEAU EST-IL CONDUIT, À SON ARRIVÉE À TURIN ?

Il est mené à l'Hospice des catéchumènes. (II, p. 96)

Du temps passé à l'Hospice, Rousseau présente un souvenir désolant. Il en fait l'un des tableaux les plus sombres des premiers livres des *Confessions* — depuis quelques années, au moment où il rédige son ouvrage, l'écrivain est redevenu protestant. **Il se peint sous les traits d'un adolescent faisant plusieurs expériences pénibles, voire traumatisantes.** Il découvre la forme de sexualité qui lui apparaît la plus brutale. Alors qu'il aime à s'inventer de tendres romans avec des jeunes filles délicates, il doit éviter l'agression d'un rustre repoussant, et les manifestations les plus physiques du désir l'emplissent d'un immense dégoût (p. 104-105). Il est également choqué par les prêtres. L'un d'eux lui explique ce qui vient de lui arriver et parle crûment de l'homosexualité (p. 105-106). Un autre prêtre satisfait sa concupiscence sur une jeune catéchumène (p. 97). Rousseau fait enfin l'épreuve de la mauvaise foi des prêtres chargés de le convertir. Devant sa surprenante faculté à débattre, l'un abrite son embarras derrière sa mauvaise connaissance du français (p. 103). Celui qui lui succède utilise des expédients malhonnêtes à seule fin de garder le dessus dans la discussion (p. 103-104).

En outre, la période de l'Hospice donne à Rousseau le sentiment d'une dépossession de soi. Il quitte la religion de ses pères, reniant ainsi une part majeure de son identité. Revenant sur la raison de son abjuration, l'écrivain présente successivement deux causes. D'une part, il se sent poussé par ce qu'il analyse, avec le recul du temps, comme un « sophisme » (p. 101) : s'étant engagé dans cette voie, il ne se sentait plus en mesure de reculer. D'autre part, il estime avoir cédé par lassitude, pour pouvoir partir (p. 106). En tous les cas, Rousseau laisse apparaître une perte de sa volonté, contrebalancée, pendant un temps, par une résistance opiniâtre. Au reste, l'opposition entre les deux moments de la résistance et de l'acceptation accentue l'impression du renoncement final. En réalité, selon le registre de l'Hospice, Rousseau fut baptisé au bout d'un temps plus court que la plupart des catéchumènes. Il semble bien qu'il n'ait pas fait de difficulté à se laisser convertir. Mais l'écrivain revient en détail sur l'éducation protestante qu'il avait reçue (p. 98-99). Par contraste, la période de l'Hospice apparaît comme une éducation à rebours. La dépossession n'est pas seulement morale, elle est aussi physique. Après avoir éprouvé un enivrant sentiment de liberté à la suite du départ de Genève, après s'être réjoui du voyage jusqu'à Turin, l'adolescent est tout bonnement enfermé derrière « une grosse porte à barreaux de fer » (p. 96). Il ne sort pas du lieu de sa réclusion par l'effet de sa volonté, comme il l'avait fait devant les portes de Genève, mais « on [le] mit à la porte » (p. 108). Enfin, Rousseau, qui ne sent jamais autant la plénitude de son existence que lorsqu'un roman amoureux s'offre à son imagination, est empêché de voir la jolie catéchumène aux « yeux fripons » (p. 97).

16 QUI EST MADAME BASILE ?

C'est « une jeune marchande » turinoise qui offre du travail à Rousseau. (II, p. 111-112)

Sorti de l'Hospice des catéchumènes, Rousseau doit, après un temps d'oisiveté, assurer sa subsistance. C'est ce qu'il obtient grâce à Mme Basile, mais bientôt il cherche auprès d'elle quelque chose qui, à cette époque de sa vie, le tourmente bien plus que le manque d'argent : la satisfaction de son effervescence amoureuse. Intimidé, le jeune homme se contente de rassasier sa vue, à la dérobée, de tous les attraits de la jolie Turinoise (p. 113). Il n'ose pas lui parler d'amour. L'émotion culmine un jour dans une scène que la narration met en valeur (p. 114-115). Au comble de son audace, Rousseau embrasse la main de la jeune femme. La vigilance du commis, puis le retour de M. Basile, le mari jaloux, interdisent ensuite toute intimité. À travers cet épisode, **auprès de Mme Basile, se manifeste l'intense émotivité du jeune Rousseau, qui n'a d'égale que sa timidité amoureuse.**

Il ne faudrait pas croire que le jeune homme a connu un échec, faute d'avoir pu pousser plus loin sa hardiesse. Bien au contraire, il atteint le plus haut degré de félicité. Certes, « les deux jours suivants, [...] [il] guett[e] un nouveau tête-à-tête » (p. 116). Mais attend-il quelque chose de plus ? Le souvenir de cette époque ne porte aucune trace de regret. L'écrivain le souligne, avant comme après le récit de la scène intime : « On ne nous laissa pas le temps d'achever l'aventure. Je ne m'en rappelle qu'avec plus de charmes les courts moments que j'ai passés auprès d'elle, et je puis dire y avoir goûté dans leurs prémices les plus doux ainsi que les plus purs plaisirs de l'amour. » (p. 112) ; « j'ai goûté près d'elle des douceurs inexprimables. Rien de tout ce que m'a fait sentir la possession des femmes ne vaut les deux minutes que j'ai passées à ses pieds sans même oser toucher à sa robe. » (p. 116) Cette comparaison entre deux moments de la vie amoureuse de Rousseau, clairement à l'avantage des chastes délices de la jeunesse, montre quel est, durablement, son sentiment. Les trois obstacles que sont la surveillance du commis, la jalousie du mari et la timidité vertueuse de la jeune femme sont, en fait, une chance. Ils protègent Rousseau du risque d'avoir à être plus entreprenant ou, plus encore, de comprendre qu'il ne veut pas l'être. Il peut ainsi se bercer d'une illusion douce, car **ce qu'il cherche avant tout est une matière sensible propre à nourrir sa rêverie.** Ainsi, avant même cet épisode, à la cour de Turin, il est à l'affût de « quelque jeune princesse [...] avec laquelle [il puisse] faire un roman. » (p. 110) Rousseau n'embrasse la main de la jeune Italienne qu'au moment où il sait qu'il ne peut poursuivre cette audace (p. 115). Au reste, la position soumise, aux pieds de la femme aimée, un moment impérieuse, satisfait à ravir sa sensibilité romanesque (p. 114).

17 QUI EST MADAME DE VERCELLIS ?

Il s'agit de la comtesse au service de laquelle Rousseau est engagé, à Turin. (II, p. 120)

L'écrivain fait d'elle un portrait contrasté. Il lui reconnaît « non seulement beaucoup d'esprit, mais une âme élevée et forte. » (p. 121) Il insiste en particulier sur son courage, admirable jusqu'au bout, face à la maladie qui l'emporte, après de longs mois de souffrance : « Sa vie avait été celle d'une femme d'esprit et de sens ; sa mort fut celle d'un sage. » (p. 123) Rousseau mentionne, en outre, son joli talent de plume : « Ses lettres avaient le tour et presque la grâce de celles de Mme de Sévigné » (p. 120). Mais, précisément, elle prend trop soin d'avoir de l'esprit. Sa conversation est brutale : à force d'interroger, sans manifester ses sentiments, sans se livrer, elle refroidit tout épanchement sincère (p. 121-122). Elle a le défaut de sa qualité majeure : sa « force de caractère allait quelquefois jusqu'à la sécheresse. » (p. 121)

Le souvenir de Mme de Vercellis aide à comprendre ce que Rousseau attend de la parole et des femmes. La parole lui apparaît généralement comme un obstacle. Si elle est un moyen privilégié de la communication avec autrui, précisément, parce qu'elle est un moyen, elle établit une relation médiate. Or, avec les autres, ses semblables, qu'il trouve si peu semblables à lui, Rousseau aimerait établir une relation immédiate, une communion d'instinct, où le silence, loin d'être embarrassant, éviterait le risque de malentendus que comportent les mots. Avec Mme de Vercellis, la parole est bien plus pénible encore qu'à l'ordinaire, puisqu'elle est presque unilatérale. Rousseau doit parler, sa maîtresse se contentant de le questionner, sans qu'un échange verbal, mutuel, équitable se produise. Pareille attitude paralyse toute volonté de dévoilement de soi chez Rousseau, qui, pourtant, avait commencé à s'exposer, laissant même lire ses lettres destinées à Mme de Warens. Des femmes, Rousseau attend de la douceur, une sensibilité capable d'échauffer la sienne. Chez Mme de Vercellis, différente de la plupart des autres femmes dans les quatre premiers livres des *Confessions*, Rousseau aurait souhaité rencontrer moins d'esprit et plus de cœur. « J'ai remarqué depuis que cette manière sèche d'interroger les gens pour les connaître est un tic assez commun chez les femmes qui se piquent d'esprit. Elles s'imaginent qu'en ne laissant point paraître leur sentiment, elles parviendront à mieux pénétrer le vôtre : mais elles ne voient pas qu'elles ôtent par là le courage de le montrer. » (p. 122)

18 QUEL EMPLOI ROUSSEAU TIENT-IL AUPRÈS DE MADAME DE VERCELLIS ?

Il est employé « en qualité de laquais ». (II, p. 120)

Des quelque cinq mois qu'il a passés chez Mme de Vercellis, en 1728, Rousseau garde un sentiment de déception. Il s'était vu « tout de bon dans les hautes aventures » (p. 120). Une fois encore, la réalité n'est pas à la hauteur de son imagination. Certes, sa tâche n'est pas la plus humble, puisqu'il écrit les lettres de la comtesse, sous sa dictée. Toutefois, il ne tient pas le rôle d'un secrétaire. Il compte sur l'intérêt que Mme de Vercellis montre à son endroit pour accéder à une condition meilleure. Mais cet espoir n'a pas de suite, à cause de la froideur ainsi que de la maladie de sa maîtresse. **Rousseau éprouve un sentiment de frustration dans son ambition, c'est-à-dire dans son désir de reconnaissance sociale : « je n'étais pas à ma place »** (p. 123).

Dans l'échec de son ambition, Rousseau voit une autre cause. **Il estime avoir été la victime de l'action hostile du couple Lorenzi, qui dirige la**

maison de Mme de Vercellis. À cet égard, il importe de relever un trait foncier du caractère de Rousseau, la méfiance poussée jusqu'à une suspicion injuste. En effet, dans un testament antérieur de plus de dix ans à celui qu'elle fit rédiger à l'époque où Rousseau est à son service, Mme de Vercellis dotait généreusement les Lorenzi. Rousseau considère que le couple intrigue pour circonscrire la volonté de la comtesse, plaçant même auprès d'elle leur nièce, Mlle Pontal, afin de mieux tenir en main la situation. Ainsi se manifeste précocement la manie du complot, qui ne cesse d'obséder l'écrivain, dans les vingt dernières années de sa vie. Ce trait de caractère n'est pas mentionné par l'auteur. Il lui échappe et se déduit, par le recoupement de ce qu'il écrit avec la réalité connue par d'autres sources. En prenant le parti de se dévoiler, l'écrivain prend aussi le risque d'apparaître sous un jour auquel il n'avait pas songé. D'une manière générale, Rousseau n'envisage pas ses rapports avec autrui sur le mode de la neutralité. Il pense que les autres lui sont favorables ou hostiles.

19 QUEL EST LE DERNIER FAIT RACONTÉ DANS LE DEUXIÈME LIVRE ?

Il s'agit de l'accusation mensongère portée contre la servante Marion, à la suite du vol d'un ruban. (II, p. 124-126)

Cette affaire, qui constitue le deuxième aveu de Rousseau, est l'occasion de mieux comprendre la nature de ses relations avec autrui et du regard qu'il porte sur lui-même. Rousseau n'atténue pas sa faute. Il imagine qu'il a pu entraîner le sort le plus misérable pour la victime de son mensonge (p. 124 et 126). Le mot « crime » revient plusieurs fois pour qualifier son tort. Au reste, le poids du remords a été si lourd qu'il l'a porté seul, pendant près de quarante ans, sans pouvoir s'en soulager, même auprès de Mme de Warens. Dans le procès que Rousseau accepte de subir, l'épisode du ruban volé occupe une place majeure : « le désir de m'en délivrer en quelque sorte a beaucoup contribué à la résolution que j'ai prise d'écrire mes confessions. » (p. 126) Toutefois, dans un mouvement inverse, Rousseau, juge de lui-même, s'accorde des circonstances atténuantes. Il est sûr que, si le comte de la Roque l'avait interrogé à part, il aurait avoué. S'il s'est obstiné dans son mensonge, c'est par honte. Ce sentiment manifeste la relation de l'individu avec son entourage, question fondamentale chez Rousseau. La honte est, en quelque sorte, le regard craintif qu'on porte sur le regard des autres, lorsqu'il peut être supérieur et chargé de blâme. Ce n'est donc pas pour dissimuler sa première faute, le larcin, mais par peur d'être jugé défavorablement par les autres, que l'adolescent ment effrontément. Ce que, sur le moment, il veut éviter, c'est de déchoir aux yeux d'autrui. Longtemps avant que l'écrivain ne parvienne à délivrer sa conscience, qui est conscience de soi et de sa culpabilité, l'enfant a été inhibé par la conscience que d'autres pouvaient avoir de lui. Il faut donc un lent retour sur soi-même, loin de la société, pour se mettre, par l'aveu, en règle avec le monde extérieur. Au demeurant, si Rousseau a pu commettre une telle faute, c'est qu'il a été dénaturé, selon son propre jugement, au contact de la société, à cause de la conduite mauvaise de Ducommun. « Jamais je n'ai pris plaisir [...] à charger les autres », précise l'auteur, à propos de l'enfant qu'il était (I, p. 39). Enfin, il existe chez Rousseau un véritable mécanisme de la faute et du rachat, dans une perspective biblique, certainement issue de son éducation calviniste. En effet, l'homme vieillissant estime payer, « par tant de malheurs dont la fin de [s]a vie est accablée », le crime commis dans sa jeunesse (p. 128).

L'épisode du ruban volé mérite d'être particulièrement rapproché de deux autres. En premier lieu, il s'apparente à celui de la fessée donnée par Mlle Lambercier, non seulement parce que Rousseau lui-même place l'un et l'autre fait dans une même suite d'aveux, mais aussi à un autre titre. Dans le cas de la fessée, tout part d'une faute vénielle, qui n'est pas même mentionnée en même temps que l'aveu de la volupté causée par la fessée (I, p. 44). De même, le vol du ruban, sans grande valeur, apparaît par lui-même négligeable à Rousseau. La faute vénielle, cause de la fessée, et le vol du ruban cachent un sentiment profond. À Bossey, l'enfant veut avoir l'estime de Mlle Lambercier, ou plus encore lui plaire, car elle lui inspire un désir inexprimé. Pareillement, c'est parce qu'il aime Marion sans le lui dire qu'il vole un ruban pour le lui offrir. Le sentiment de culpabilité, dont l'aveu est l'expression, provient donc d'un sentiment éprouvé pleinement, mais aussi réprouvé, le désir amoureux. **En second lieu, l'affaire du ruban complète un autre épisode de Bossey, celui du peigne brisé.** À Bossey, l'enfant découvre que la parole ne suffit pas à exprimer la vérité, puisqu'il n'est pas cru, en dépit de son innocence. À Turin, le même individu fait l'expérience inverse, puisque, sans être cru plus que Marion, il peut brouiller la vérité par sa parole, Marion tenant alors le rôle de l'enfant de Bossey découvrant l'injustice et l'impuissance d'une protestation sincère. Ces deux expériences ont fait comprendre à Rousseau combien la parole, qui devrait assurer l'expression d'une vérité intérieure à l'extérieur, devant autrui, est chose délicate. La parole de la même personne peut être tour à tour sans effet ou toute-puissante. Cette découverte est primordiale pour Rousseau, qui tente, par les mots, dans *Les Confessions*, de dévoiler son intérieur, en toute transparence.

LIVRE TROISIÈME

20 COMMENT, À TURIN, ROUSSEAU SE MONTRE-T-IL À LA VUE DES FEMMES, PLUSIEURS FOIS ?

Il se livre à des actes d'exhibitionnisme. (III, p. 130-131)

L'exhibitionnisme de Rousseau, durant son adolescence, révèle un trouble sexuel et affectif majeur. Cette conduite, considérée par les psychiatres comme une déviance, est le signe d'une incapacité profonde chez Rousseau à exprimer verbalement son désir. N'osant entreprendre la démarche de se faire aimer, il cherche à obtenir le même effet, sous la forme qui lui est la plus chère, une fessée, mais en silence, en passant par le seul langage, direct et brutal, du corps. Ainsi, ce comportement choquant, comme le montre l'épisode des jeunes filles, près d'un puits, est, paradoxalement, motivé par une timidité inhibitrice. Il importe de remarquer que Rousseau pratique l'exhibitionnisme au moment où il se trouve le plus seul et le plus désemparé : ayant abjuré la religion de son enfance, loin de sa patrie et de ceux qu'il aime, sa famille et Mme de Warens, mis à la porte de la maison où il était employé, il ne sait où diriger sa solitude, tandis que ses sens s'attisent.

En rapportant cette attitude si particulière, et, notamment, l'épisode qui aurait pu mal tourner, Rousseau est fidèle au projet de se peindre, sans dissimulation. Le mépris ou l'hostilité qu'il sait pouvoir s'attirer de la part du lecteur ne l'arrête pas. La vérité est, pour lui, un principe plus fort que la flétrissure du scandale. Au reste, l'écrivain fait avec humour le récit de l'aventure où il a risqué de perdre ce que précisément il cherchait à montrer, ou qui, du moins, a failli lui coûter un châtiment physique moins délicieux que la fessée tant espérée. À la place d'une « résolue » (p. 130) à l'œil admiratif et à la main complice, il est « saisi par un grand homme portant une grande moustache, un grand chapeau, un grand sabre, escorté de quatre ou cinq vieilles femmes armées chacune d'un manche à balai » (p. 130-131). La répétition de l'adjectif « grand » renforce la drôlerie de la narration, dans le goût de la farce. Par la suite, la saynète de la rencontre inopinée du même homme, qui avait bien voulu lui faire grâce, prolonge l'effet comique. L'humour de ces pages permet de comprendre que Rousseau ne place pas sa conduite exhibitionniste sur le même plan que les infamies qu'il a commises, envers Marion et Le Maître, et dont il fait douloureusement la confession. Si une telle extravagance peut lui valoir autant, voire plus de répugnance de la part du lecteur, pour son compte, il n'y trouve pas même source de remords.

Jean Starobinski a minutieusement étudié le rapport entre l'exhibitionnisme et l'engagement de Rousseau dans la composition littéraire[1]. **Le récit des actes d'exhibitionnisme, à Turin, mérite d'être mis en relation avec le projet des *Confessions* et les conditions dans lesquelles le livre est écrit.** Après s'être exhibé, l'adolescent s'était caché. Se jugeant incompris, mal aimé, Rousseau a choisi de se retirer de la société des hommes pour rédiger un ouvrage capable de leur montrer avec transparence ses sentiments. Avec *Les Confessions*, il se dévoile entièrement pour être enfin compris, pour être aimé, peut-être. L'adolescent avait montré son corps, l'homme mûr fait bien plus encore, il exhibe son cœur. Métaphoriquement, l'épigraphe *Intus, et in cute* souligne combien plus audacieuse est l'entreprise de l'écrivain, qui ne se contente plus de montrer sa chair, mais qui étale, *sous la peau*, son être intérieur.

21 AU SERVICE DE QUELLE FAMILLE ILLUSTRE ROUSSEAU ENTRE-T-IL ?

Il entre au service de la maison de Solar. (III, p. 134-135)

Une époque nouvelle, marquée par des succès, s'ouvre devant l'adolescent. Ce changement de condition est d'autant plus manifeste qu'il fait suite à la période de l'exhibitionnisme. Il mérite également d'être mis en rapport avec le temps passé auprès de Mme de Vercellis. Une deuxième chance est accordée, dans une autre demeure aristocratique, à celui dont les espoirs avaient été contrariés. C'est également, pour Rousseau, l'occasion de faire une expérience différente des précédentes. En effet, il est soumis à une période probatoire, pendant laquelle, sans être fort employé, il doit surtout montrer de la prudence et de la réserve. Cette façon nouvelle d'être en relation avec des supérieurs complète l'expérience acquise jusque-là, au cours de son éducation, à Bossey, et de son apprentissage, à

1. *J.-J. Rousseau. La transparence et l'obstacle,* Paris, Gallimard, 1971, chapitre VI, « L'exhibitionnisme », p. 203-211.

Genève. Cette mise à l'épreuve, toute en nuances, est un succès. Au reste, l'adolescent avait été prévenu de la conduite à tenir par l'abbé Gaime et par le chef même de la maison de Solar, le comte de Gouvon. Il est protégé par le comte. Il gagne l'affection de l'un de ses fils, l'abbé de Gouvon, qui lui fait l'honneur de lui donner des leçons de latin et qui affine son goût littéraire. S'il est, au début, une sorte de laquais, mais traité avec égards, il peut rapidement compter sur un emploi plus distingué. Il trouve l'occasion de briller, en apportant publiquement une pertinente précision étymologique, à propos de la devise de la maison de Solar, *Tel fiert qui ne tue pas*. La plus grande réussite est en vue pour Rousseau, qui devient « une espèce de favori dans la maison » (p. 140), avant de tout quitter pour accompagner Bâcle.

L'épisode de la maison de Solar permet au lecteur de voir quelle place occupent chez Rousseau les deux formes de la volonté que sont l'ambition, volonté froide et calculatrice, et la recherche du bonheur, volonté ardente et spontanée. Rousseau ne cache pas qu'il a conçu « l'espoir de parvenir » (p. 140). Tourmenté par l'idée que sa personnalité n'est pas reconnue à sa juste mesure, tenaillé par le sentiment d'être déclassé, alors qu'il est issu d'une famille respectable de Genève, il sent le plus souvent qu'il n'est pas à sa place. Aussi savoure-t-il l'admiration que lui vaut sa remarque étymologique : « Ce fut un de ces moments trop rares qui replacent les choses dans leur ordre naturel, et vengent le mérite avili des outrages de la fortune. » (p. 138) Du reste, le comte de Gouvon a le projet de préparer l'adolescent à être un jour un agent précieux, utile à sa famille auprès du roi. C'est ce que Rousseau croit comprendre après coup. Il n'est pas maître du jeu et garde de la naïveté jusque dans son ambition. Mais Rousseau n'est pas accaparé par la seule ambition. Ainsi s'éprend-il sincèrement de Mlle de Breil, sans chercher à lui plaire par intérêt. Les pages consacrées à l'épisode de la maison de Solar ont eu, chez Stendhal, une postérité particulière. Dans *Le rouge et le noir*, le romancier présente une situation analogue. Mais, chez Julien Sorel, l'ambition l'emporte sur son amour, ou son désir, pour Mathilde de la Mole. Alors que Rousseau reste un amoureux transi, Julien mène à bien sa conquête. Enfin, s'il a eu la tentation de Turin et de la réussite, il aspire encore plus à un bonheur simple. Ainsi la comparaison entre l'aristocratie côtoyée en Italie et Mme de Warens est-elle toute à l'avantage de la protectrice bien-aimée : « On ne trouvait pas chez Mme de Warens la magnificence que j'avais vue à Turin ; mais on y trouvait la propreté, la décence et une abondance patriarcale avec laquelle le faste ne s'allie jamais. » (p. 149)

22 QUELLE LANGUE L'ABBÉ DE GOUVON TENTE-T-IL D'ENSEIGNER À ROUSSEAU ?

Il s'agit du latin. (III, p. 139-140)

Rousseau connaît et aime la littérature latine. Le titre des *Confessions* est emprunté à saint Augustin. L'épigraphe *Intus, et in cute* est tiré du poète Perse. Une expression célèbre de Virgile, *Omnia vincit labor improbus,* résume l'ardeur déployée pour la plantation du saule de Bossey (I, p. 54). Les lettres latines sont assez familières à Rousseau pour qu'il se contente de faire allusion à un passage d'Horace, à propos des amours ancillaires (IV, p. 182). Enfant, il s'est gorgé de la lecture de l'écrivain grec Plutarque, au point de se passionner pour la vertu des anciens (I, p. 37-38). **Pourtant, l'apprentissage du latin laisse à Rousseau le souvenir d'une tâche difficile et d'une connaissance fort incomplète de cette langue.** Les débuts sont aisés, auprès du pasteur Lambercier : après avoir fait son thème, Rousseau aide son cousin dans cet exercice. Il possède assez de vocabulaire pour crier en latin son indignation : « *Carnifex ! carnifex ! carnifex !* » (I, p. 50) Mais la facilité des commencements n'a pas de suite. Chez Ducommun, l'apprenti oublie le latin, et même l'existence des Romains. L'abbé de Gouvon, en se chargeant de l'instruction de Rousseau, constate qu'il « avai[t] peu de latin » (III, p. 139). Au séminaire d'Annecy, son premier professeur, le « maudit lazariste » le dégoûte de cette langue, son second professeur, l'abbé Gâtier, n'obtient que de maigres résultats, au prix d'efforts considérables pour Rousseau, malgré l'affection mutuelle du maître et de l'élève (III, p. 164-165). Ignorant trop le latin, il « n'était pas même bon pour être prêtre » (III, p. 168). Plus tard, aux Charmettes, les études latines sont reprises, une fois encore non sans peine. « J'étais destiné [...] à rapprendre souvent le latin et à ne le savoir jamais » (III, p. 140), déplore Rousseau.

L'impression que Rousseau a gardée de son apprentissage du latin aide à comprendre l'idée qu'il se fait de son caractère et de sa vie au milieu des autres hommes. Elle permet de tracer son portrait intellectuel. Rousseau se juge doté de la plus grande sensibilité et d'une intelligence lente. Les plus grands efforts n'aboutissent qu'à l'échec ou, au mieux, à des succès très limités. Il faut sans cesse recommencer. L'aversion que lui inspire le

« maudit lazariste » empêche tout progrès, mais la sympathie qu'il éprouve pour l'abbé Gâtier ne suffit pas à surmonter les faiblesses de son esprit, son défaut de méthode et l'insuffisance de sa mémoire scolaire. Il pense être presque incapable de profiter de l'enseignement d'un maître : « Mon esprit veut marcher à son heure, il ne peut se soumettre à celle d'autrui » (III, p. 165). « Il faut que je ne sois pas né pour l'étude », constate-t-il. Exceptions notables, deux hommes seulement, son père et le pasteur Lambercier, sont parvenus à l'instruire facilement. C'était avant la chute hors du paradis, avant la découverte de l'injustice, à Bossey. C'est tout seul que Rousseau réussit encore le mieux à apprendre, même si l'autodidacte se disperse beaucoup, quand il veut accomplir un programme et combler ses lacunes. Le cas du latin n'est pas isolé, mais général. En dépit de son amour pour la musique, l'apprentissage lui coûte de nombreux efforts, sans lui apporter une parfaite maîtrise de cet art.

23 POUR QUELLE RAISON ROUSSEAU QUITTE-T-IL TURIN ?

Il décide d'accompagner son ami Bâcle, qui retourne à Genève. (III, p. 141-142)

Le départ de Turin constitue une forte rupture, un des tournants de l'itinéraire du jeune Rousseau. Dans un paragraphe immédiatement placé avant le récit des circonstances du départ et du voyage, l'auteur indique à quel degré de réussite il était parvenu : « Tout allait à merveille. J'avais obtenu, presque arraché l'estime de tout le monde : les épreuves étaient finies ; et l'on me regardait généralement dans la maison comme un jeune homme de la plus grande espérance, qui n'était pas à sa place et qu'on s'attendait d'y voir arriver. » (p. 141) La succession dans le texte des deux moments — la réussite chez le comte de Gouvon et le vagabondage en compagnie de Bâcle — fait ainsi apparaître un violent contraste entre les deux situations, les deux états de Rousseau. **À première vue, la décision du jeune homme, « tout d'un coup engoué de M. Bâcle » (p. 142), paraît être une folie.** Si la décision de quitter Genève et le mauvais maître, le graveur Ducommun, se comprend aisément, malgré l'incertitude où elle jette Rousseau, en revanche, le désir de laisser Turin et un brillant avenir semble inexcusable. Alors que « les épreuves étaient finies », grâce à une éducation inculquée par des aristocrates, grâce à des efforts patiemment consentis par le jeune homme, voilà que, soudain, tout est à refaire, à cause d'une passade amicale. L'écrivain ne manque pas de mots lucides et apparemment sévères pour qualifier cet épisode. Il parle de son « stupide aveuglement » (p. 143), de son « extravagant voyage » (p. 145). « J'étais tout à fait hors de sens » (p. 143), avoue-t-il, avec le recul du temps et du jugement, avant de reconnaître son ingratitude envers son précepteur, l'abbé de Gouvon.

Mais Rousseau ne se condamne pas pour autant. L'épisode du départ de Turin ne doit pas être rangé dans la série des fautes que sont le mensonge à propos du ruban volé et l'abandon à Lyon de M. Le Maître, fautes graves dont l'auteur fait la confession. Le ton n'est pas le même : Rousseau raconte avec une indéniable légèreté la manière dont il obtient de se faire congédier de la maison de Solar, et le récit du voyage avec Bâcle est enjoué. Le ton de l'humour est employé par l'homme d'âge mûr qui revient sur une étourderie de jeunesse, sans la déplorer, sans la blâmer. Le sourire qui accompagne la narration de l'épisode est celui de l'écrivain, à un autre âge de sa vie, certes différent de ce qu'il a été, mais uni avec sympathie à un état antérieur de sa personne. **La gaieté de la narration exprime l'acceptation de soi, à travers le temps.** Elle marque l'harmonie entre l'adulte, doué de raison, à force d'expériences comme celle-là, et le jeune homme encore enfant dans son caprice. À défaut de permanence, Rousseau sent en lui-même une unité qui contrebalance le sentiment de déchirement exposé à d'autres occasions. Au reste, la jeunesse a sa raison à elle, et l'écrivain la regarde avec une bienveillante compréhension, que résume admirablement l'oxymore « sage fantaisie » (p. 142). Si, aux yeux d'un adulte, c'est le brusque départ de Turin qui est insensé, au point de vue de la jeunesse, la folie consiste exactement dans le choix inverse : « Il fallait être fou pour sacrifier une pareille fortune [le voyage avec Bâcle] à des projets d'ambition d'une exécution lente, difficile, incertaine, et qui, les supposant réalisés un jour, ne valaient pas dans tout leur éclat un quart d'heure de vrai plaisir et de liberté dans la jeunesse. » (p. 142)

24 QUEL OBJET ROUSSEAU EMPORTE-T-IL EN PARTANT DE TURIN ?

Il emporte une petite fontaine de Héron, donnée par l'abbé de Gouvon. (III, p. 144-145)

En rapportant qu'il comptait sur le spectacle de la fontaine pour gagner, chemin faisant, les moyens d'assurer son voyage, Rousseau, fidèle à son projet, peint deux traits importants de son caractère, le goût des projets et un net irréalisme : « Croirait-on qu'à près de dix-neuf ans on puisse fonder sur une fiole vide la subsistance du reste de ses jours ? » (p. 144). Mais ce curieux objet dépasse la simple anecdote. **Jusqu'à un certain point, la fontaine de Héron est à l'image du voyage et de l'état d'esprit de Rousseau.** Après un long séjour à Turin, de plus en plus marqué par la stabilité, au service de la maison de Solar, il se met à nouveau en mouvement, circulant à la manière de l'eau de la fontaine, avec légèreté. Au reste, l'objet conçu par Héron est une fontaine perpétuelle. Selon un système de compression, dans lequel l'eau chasse l'air et l'air prend la place de l'eau, le liquide jaillit sans fin, sans aucune intervention. De même, dans le cadre vaste du trajet de Turin à Genève, où Bâcle se rend, Rousseau, prêt à mener « la vie d'un vrai vagabond » (p. 145), accomplit un voyage qui se nourrit de son propre mouvement, dans une joyeuse liberté, et qui paraît n'avoir de limite que dans le manque de ressources et dans la lassitude des deux compagnons : « nous dirigions d'abord notre course au nord, plutôt pour le plaisir de passer les Alpes que pour la nécessité supposée de nous arrêter enfin quelque part. » (p. 144-145) La fontaine se brise un jour, sans regrets de leur part. Pareillement, les amis se séparent du jour au lendemain, sans tristesse, après « une pirouette » de Bâcle (p. 146).

En outre, la route qui mène Rousseau de Turin à Annecy efface jusqu'à un certain point celle qui, dans l'autre sens, avait conduit l'adolescent d'Annecy à Turin, et l'avait dépouillé d'une part de lui-même, en l'amenant à devenir catholique. S'il ne rend pas Rousseau au protestantisme, le retour abolit cependant, dans une large mesure, la perte d'identité et de liberté causée par l'aller. De la Savoie au Piémont, le jeune homme avait été escorté par un couple qui lui avait été imposé, tandis qu'il choisit lui-même son compagnon, au départ de Turin. En cours de route, l'argent est dépensé, les habits et les souliers sont usés : Rousseau est amené à se délester avec insouciance de sa vie turinoise. Au terme de son retour, il retrouve Mme de Warens, auprès de laquelle il commence à s'épanouir.

25 QUELLES ÉTUDES PARTICULIÈRES MADAME DE WARENS FAIT-ELLE SUIVRE À ROUSSEAU ?

Elle obtient qu'il aille au séminaire, pour devenir prêtre, puis elle lui fait apprendre la musique. (III, p. 157-169)

Il s'agit pour Mme de Warens d'établir son protégé dans la société. Cette recherche d'une situation est le pendant des emplois occupés à Turin avec le désir de parvenir. Auprès de Mme de Warens, Rousseau a manifestement renoncé à l'ambition. Sa volonté se satisfait pleinement de la vie heureuse menée aux côtés de « Maman ». La peinture de ce bonheur insouciant est placée juste avant l'épisode du séminaire, ce qui forme un contraste frappant entre les deux périodes. Comme Rousseau ne se soucie pas de trouver une situation, il faut « chercher à [l]e placer » (p. 157). Les deux tentatives, chez les lazaristes et chez M. Le Maître, se succèdent dans le récit, pour montrer qu'il n'y a guère de temps à perdre. **Les quatre premiers livres des *Confessions*, dans le sujet comme dans la narration, s'apparentent souvent au genre du roman de formation.** Dans ce type de roman, le personnage principal parvient, après bien des expériences, à se situer d'une manière harmonieuse dans la société, à y occuper une place exactement à sa mesure. Mais, dans le cas du jeune Rousseau, une différence majeure s'impose. Il cherche à faire l'expérience de soi au contact de la société, bien plus qu'il n'essaie de s'y intégrer.

Le rappel des deux essais de formation donne à l'auteur l'occasion de compléter son autoportrait en analysant les limites apparentes de son intelligence et l'acuité de sa sensibilité. Ce long développement est intercalé entre la mention du projet conseillé à Mme de Warens, l'envoi au séminaire, et l'évocation du temps passé à cet endroit. Avant ce développement, Rousseau explique que c'est à la lenteur de son esprit qu'il doit d'avoir été dirigé vers la prêtrise, ne pouvant être, au mieux, que « curé de village » (p. 157-158). Après, il peint ses difficultés à étudier chez les lazaristes (p. 164-165). Confirmation est donc donnée du jugement porté sur Rousseau : il paraît inapte à exercer rapidement ses facultés mentales. Cependant, tel n'est pas l'avis de l'intéressé : « en conscience on sent bien que je ne puis sincèrement y souscrire » (p. 158). Ce n'est pas l'intelligence qui lui fait défaut, mais la rapidité. L'auteur tire ainsi profit de l'épisode du séminaire pour expliquer, selon son projet initial, la singularité de son caractère, « cette lenteur de penser, jointe à cette vivacité de sentir » (p. 158). Il donne à voir l'intérieur de son être, différent de l'extérieur, tel qu'il est ordinairement perçu. L'évocation de la période d'apprentissage de la musique permet de corroborer l'idée d'une sensibilité hors du commun, puisque Rousseau rapporte de nombreux détails des impressions qu'il a reçues alors, et conservées exactement (p. 169).

26 QUI EST M. GÂTIER ?

Ce prêtre s'est occupé des études de Rousseau, au séminaire d'Annecy. Il est l'un des deux modèles du Vicaire savoyard. (III, p. 164-165)

En mentionnant, à propos de l'abbé Gâtier et de l'abbé Gaime — son autre modèle (III, p. 132-134) — le personnage du Vicaire savoyard, Rousseau se montre, par anticipation, sous un angle rare dans le début des *Confessions*, celui de l'écrivain célèbre. En effet, ce n'est qu'à un âge déjà avancé, à quarante ans environ, qu'il s'est fait une place dans la république des lettres. Mais les années de découverte du monde ont été une période d'observation, dans laquelle l'écrivain a puisé par la suite. **Les portraits des deux abbés introduisent le lecteur dans la coulisse de la création littéraire de Rousseau.** À ce titre, il est possible de remarquer que le romancier a fondu en un seul personnage deux tempéraments non point identiques, mais différents et complémentaires. Tels, du moins, apparaissent les abbés Gaime et Gâtier, manifestement modifiés, épurés par le prisme du souvenir. L'abbé Gaime est présenté comme un esprit avisé, dont les conseils sont d'une profonde utilité. L'abbé Gâtier est l'incarnation même de la sensibilité, « mélange de douceur, de tendresse et de tristesse » (p. 164). Pour composer le personnage de fiction qui occupe la première place dans *La Profession de foi du Vicaire savoyard* — livre VI d'*Émile* —, Rousseau a donc joint une tête sage, découverte à Turin, à un cœur délicat, rencontré à Annecy. Au reste, tout en estimant pareillement les deux hommes, l'écrivain se sent plus proche de l'abbé Gâtier, qui est sensible, comme lui, et qui est, comme lui, marqué par l'idée d'un destin infortuné : « on eût dit qu'il prévoyait sa destinée, et qu'il se sentait né pour être malheureux. » (III, p. 164-165)

Si la mention d'une des œuvres de Rousseau est rare dans les quatre premiers livres des *Confessions*, elle n'est cependant pas unique. Au quatrième livre, l'auteur raconte comment il s'est pris d'affection pour la ville suisse de Vevey, si bien qu'il a choisi cet endroit pour décor de son roman *La Nouvelle Héloïse* (p. 204). L'allusion de Rousseau est riche de sens. Vevey était, selon lui, le lieu le plus apte à accueillir l'histoire qu'il a inventée. La raison en est l'émotion même éprouvée au cours de sa découverte de la ville. Déjà, Rousseau s'y livre à une poignante sentimentalité romanesque : « Mon cœur s'élançait avec ardeur à mille félicités innocentes : je m'attendrissais, je soupirais, et pleurais comme un enfant. Combien de fois, m'arrêtant pour pleurer à mon aise, assis sur une grosse pierre, je me suis amusé à voir tomber mes larmes dans l'eau ! »

(p. 204) L'aveu est révélateur de l'aspect romanesque du caractère de Rousseau, dans le droit fil de son imagination. **La réalité nourrit la fiction**, dans le cas des modèles du Vicaire savoyard et de Vevey, **et la fiction envahit la réalité**, à Vevey et ailleurs. Réalité et fiction s'interpénètrent. **De nombreux et vastes moments de la jeunesse de Rousseau se situent dans un entre-deux délicieux, mi-vécu, mi-rêvé.** À proximité du Forez, Rousseau a envie de se rendre dans la région des personnages de *L'Astrée*. Mais il apprend qu'il s'agit d'un haut lieu de la sidérurgie. Il renonce à son idée, le rêve ne peut supporter une réalité trop matérielle (IV, p. 217-218).

27 QUI EST VENTURE DE VILLENEUVE ?

C'est un musicien français qui arrive, un soir, à Annecy, chez Le Maître. (III, p. 170)

Venture de Villeneuve est une figure marquante de la jeunesse de Rousseau, qui parle de lui à quatre reprises (III, p. 170-173, IV, p. 181-182, 188-189, 197-199). Son étrangeté se signale d'abord par son allure, tant physique que vestimentaire. Malgré une tenue qui forme un « comique équipage il y avait quelque chose de noble que son maintien ne démentait pas » (p. 171). Son talent n'est pas moins surprenant. Capable de parler de tout ce qui touche à la musique, il déploie un art remarquable dans le chant (p. 171). Enjoué, polisson, toujours à l'aise et brillant, Venture de Villeneuve est un personnage quelque peu mystérieux, ainsi que le montre son arrivée romanesque, un soir d'hiver. Au reste, il cultive ce personnage, laissant croire qu'il ignore la musique, puisqu'il n'a pas regardé sa partie avant de l'interpréter, jusqu'au moment où il soulève un enthousiasme général par son exécution (p. 171-172).

Venture a tôt fait d'exercer une forte influence sur le jeune Rousseau, au point de devenir son modèle. Cet engouement rappelle celui qu'avait inspiré Bâcle (III), ce qui souligne combien, alors, Rousseau était influençable. L'auteur fait explicitement l'aveu de son admiration, qui, peu à peu, tourne à la fascination. Il compare son arrivée à Lausanne à celle de Venture, à Annecy (p. 197). Le dernier degré est atteint avec l'imitation : « je me mis en tête de faire à Lausanne le petit Venture » (p. 197), « Je m'approchais toujours de mon grand modèle autant qu'il m'était possible. » (p. 198) Rousseau place à la fin de la pièce musicale qu'il compose l'air d'un menuet que lui a appris Venture, et se contente d'en changer les paroles (p. 199). **L'imitation de Venture de Villeneuve par Rousseau**

aboutit à une aliénation. L'auteur comprend que le jeune homme qu'il a été s'était « venturisé », au point de modeler son nom sur celui du musicien : « Il s'était appelé Venture de Villeneuve, moi je fis l'anagramme du nom de Rousseau dans celui de Vaussore, et je m'appelai Vaussore de Villeneuve. » (p. 199) Ce faisant, Rousseau renonce à son identité propre, se défait de lui-même et devient autre.

Toutefois, l'influence exercée par Venture, aussi grande soit-elle, ne dure qu'un temps, Rousseau revenant à lui-même. Il est important de relever que la première personne à vouloir le soustraire à ce magnétisme est Mme de Warens, qui juge mauvaise pareille fréquentation (p. 173). Entre un modèle masculin et une âme sœur féminine, Rousseau doit choisir. De même, au retour de la journée passée avec Mlle Galley et Mlle de Graffenried, le jeune homme ne confie rien de ces délices au musicien chez qui, pourtant, il habite (p. 188). Au reste, une différence foncière de tempéraments sépare les deux individus. Venture est léger, spirituel, et pour tout dire Français, Rousseau s'estime gauche en public, sensible, et ne veut pas perdre les valeurs suisses qu'il a reçues dès ses premières années. **Au total, avec le recul de l'autobiographie, la période dominée par la figure de Venture de Villeneuve apparaît comme un moment majeur des années de formation, mais aussi comme un risque de perdre sa personnalité.**

28 DANS QUELLES CIRCONSTANCES ROUSSEAU ABANDONNE-T-IL LE MUSICIEN LE MAÎTRE ?

Il l'abandonne à Lyon, en pleine rue, au moment où le musicien est en proie à une crise, probablement d'épilepsie. (III, p. 174-177)

Cette désertion est le « troisième aveu pénible » que Rousseau fait depuis le début des *Confessions*, le premier étant celui du sentiment procuré par la fessée de Mlle Lambercier, le deuxième, la révélation de l'injustice commise contre Marion après le vol d'un ruban. Chacun des trois premiers livres comporte donc un des aveux qui ont poussé l'auteur à se confier au lecteur. Pour accentuer la portée de la triste aventure lyonnaise, Rousseau en place le récit dans les dernières pages du livre, c'est-à-dire à une position forte, comme il l'a fait pour l'épisode du ruban, à la fin du livre précédent. Dans les deux cas, Rousseau a trahi des êtres chers. La servante a pu être livrée aux caprices du sort et terminer sa vie dans l'infamie, Le Maître n'a plus eu d'aide au cours de sa fuite. Circonstance aggravante peut-être, Rousseau, qui avait déjà vu quelques crises de Le Maître, avait vaguement prémédité de l'abandonner à l'occasion : « Cela me jeta dans des embarras qui m'effrayèrent, et dont je pensai bientôt à me tirer comme je pourrais. » (p. 176) L'amitié, les obligations de Mme de Warens envers le musicien, surnommé affectueusement « petit chat », le talent de Le Maître, tout devait maintenir Rousseau aux côtés du musicien malade, n'étaient la crainte devant les accès de son mal, la légèreté et le désir de revenir chez Mme de Warens.

Le remords de l'écrivain est peut-être alourdi par des traits personnels, ultérieurs, indépendants du musicien. Une similitude rapproche les deux hommes au moment où ils vont d'Annecy à Lyon. Rousseau avait fui Genève par orgueil, Le Maître quitte brusquement Annecy, blessé dans son amour-propre. Mais, une comparaison plus forte, plus pénible pour Rousseau, peut être établie entre le musicien, homme mûr alors, et l'homme vieillissant qui se retourne sur son passé. À l'époque où il compose les premiers livres de son ouvrage, en Angleterre, Rousseau a dû s'enfuir, tout comme Le Maître, qui a fui Annecy, à cause des prêtres du Chapitre de Genève. Tous deux estiment ne pas occuper la place qui leur est due. Le Maître a des crises répétées. Depuis bien des années, Rousseau est obsédé par sa maladie. Le coffre contenant les œuvres composées par Le Maître est saisi. La correspondance de Rousseau en Angleterre témoigne de sa crainte de voir intercepter les pages des *Confessions* qu'il a écrites. Est-il abusif de voir de la part de Rousseau, abandonné de ses amis français, de Diderot, en premier lieu, une projection rétrospective de son sort présent dans ce qu'il a fait à Le Maître, durant son insouciante jeunesse ? Revenant, au début du quatrième livre, sur l'abandon de Le Maître, Rousseau présente les excuses qu'il s'accordait à cette époque, avant de noter amèrement que son jugement a changé depuis : « Voilà comment alors je voyais la chose ; je la vois autrement aujourd'hui. Ce n'est pas quand une vilaine action vient d'être faite qu'elle nous tourmente, c'est quand longtemps après on se la rappelle ; car le souvenir ne s'en éteint point. » (p. 181) Bien plus, le souvenir s'aiguise à la lumière désolante que répand l'expérience d'une injustice comparable, non plus commise, mais subie. À propos de Marion, Rousseau estimait expier son tort ancien par ses malheurs présents. Un même mécanisme de la faute et de l'expiation paraît affleurer dans le souvenir de l'abandon de Le Maître.

29 POUR QUELLE RAISON ROUSSEAU, APRÈS AVOIR ABANDONNÉ LE MAÎTRE, NE TROUVE-T-IL PAS MADAME DE WARENS À ANNECY ?

« Elle était partie pour Paris. » (III, p. 178)

Dans les livres II à IV des *Confessions*, quatre moments forts, liés au souvenir de Mme de Warens, se correspondent et forment la trame du récit. Il s'agit de la première rencontre (II), des deux scènes de retrouvailles, de retour de Turin (III), puis de Paris, via Lyon (IV), et des retrouvailles manquées (III). Pour souligner l'importance de ces moments, l'auteur place trois d'entre eux à une position majeure, la première rencontre, dans les premières pages du deuxième livre, les retrouvailles manquées et le retour de Paris, à la fin du troisième et du quatrième livres. Les tribulations des années qui mènent Rousseau de l'adolescence au seuil de l'âge adulte sont ainsi encadrées par le premier et le quatrième de ces moments cardinaux. Chaque temps fort constitue un point de repère, un changement de direction, dans l'itinéraire suivi ou subi durant la période de formation. La première rencontre décide du sort de Rousseau, la deuxième marque pour lui un retour à soi-même, après les tâtonnements de Turin. L'absence de Mme de Warens brise la stabilité reconquise peu à peu au cours du livre III, et inaugure une époque incertaine, faite d'errance et d'errements, celle des « plus grandes extravagances » qu'ait jamais connues Rousseau (p. 177), et qu'il raconte dans le quatrième livre. Aussi les premières lignes de ce livre sont-elles consacrées à la déploration des retrouvailles manquées. L'épisode fait office de charnière entre le troisième et le quatrième livres, parce qu'il représente un nouveau tournant, brusque, entre deux périodes. À la toute première phrase du quatrième livre — « J'arrive, et je ne la trouve plus. » — fait écho la toute première phrase du récit des retrouvailles, à la fin du même livre : « J'arrive enfin, je la revois. » (p. 228) Même début, même brièveté, même syntaxe dans les deux phrases : la boucle de l'errance est bouclée, Rousseau peut reprendre le fil du bonheur auprès de Mme de Warens.

Il n'existe qu'une première rencontre. Pourtant, chaque scène de retrouvailles rappelle l'émotion initiale. Chaque nouvelle fois est encore la première. Chaque fois, la communion passe par le regard, le jour des Rameaux — « Que devins-je à cette vue ! » (II, p. 83), au retour de Turin — « À peine parus-je aux yeux de Mme de Warens que son air me rassura » (III, p. 147), au retour de la longue errance — « je la revois » (IV, p. 228). Chaque retour est précédé d'une attente fébrile. Par la suite,

Rousseau goûte à Chambéry, et plus encore, tout près, aux Charmettes, les délices de huit années passées auprès de Mme de Warens. Puis, il la quitte définitivement. Quand il la retrouve, en 1754, le bonheur s'est enfui : « Je la revis... Dans quel état, mon Dieu ! quel avilissement ! [...] Était-ce la même Mme de Warens, jadis si brillante [...] [?] » (VIII, p. 475). Il ne reste plus à Rousseau que le souvenir et l'écriture pour vivre inépuisablement l'éternel retour vers Mme de Warens.

LIVRE QUATRIÈME

30 COMBIEN DE TEMPS ROUSSEAU PASSE-T-IL EN COMPAGNIE DE MLLE GALLEY ET DE MLLE DE GRAFFENRIED ?

Il passe une journée avec elles. (IV, p. 183-187)

Cet épisode a été appelé « l'Idylle des cerises ». Le mot « idylle » qualifie parfaitement cette journée. En effet, dans son sens premier et étymologique, une idylle est un petit tableau. Le terme a ensuite désigné un genre poétique, caractérisé par la célébration d'un amour, le plus souvent champêtre. Enfin, la signification du mot s'est élargie, une idylle qualifiant un amour tendre et naïf. Dans la journée dont le point d'orgue est la cueillette des cerises, Rousseau fait prendre à son autoportrait la forme de petits tableaux, peignant les trois jeunes gens dans une nature charmante. Le sentiment amoureux emplit ces pages de prose d'une délicatesse qui ne le cède pas à celle de la poésie. Tout y respire l'innocence des cœurs, des paroles et des gestes.

Avec « l'Idylle des cerises », Rousseau offre au lecteur l'image la plus accomplie de ce qu'est pour lui le bonheur amoureux. Il n'a pas à faire l'effort, pour lui infiniment pénible, de séduire : les jeunes filles l'appellent et le font monter en croupe, à la manière dont un cavalier, dans un roman, emmène une jeune femme. Les rôles traditionnels sont inversés, il est leur « prisonnier », ravi, dans tous les sens du mot, non pas séducteur, mais séduit. Les joies fraîches, d'une pureté enfantine, avec les plaisirs du repas et de la cueillette, contribuent au bonheur. Rousseau frémit de tout son être auprès des jeunes filles, en leur présence, et, à peine, à leur contact. L'ivresse des sens est entière, elle ne doit pas aller plus loin. L'amour charnel serait une amère rupture du bonheur : un désir vague, sans objet précis, suffit à Rousseau. Atteindre, pour un instant, la volupté du corps détruirait l'incomparable volupté du cœur, qui dure une pleine journée, et que le souvenir peut renouveler sans cesse. C'est à peine si Rousseau s'accorde de poser un baiser sur la main de Mlle Galley. L'arrivée de son amie ne lui permet pas d'être plus hardi. Le regrette-t-il ? N'est-ce pas, au contraire, une chance ? Ce détail rappelle singulièrement la scène avec Mme Basile, opportunément interrompue. Pour un autre, la présence de deux amies ensemble troublerait la conquête d'une femme. Cette circonstance est heureuse pour Rousseau. Elle lui donne la meilleure des excuses : empêché de tenter quoi que ce soit, il peut rester dans les limites du chaste frémissement du cœur. C'est même lorsqu'il se trouve seul avec l'une ou l'autre jeune fille qu'il se trouve dans l'« embarras » (p. 185). Sa légère préférence pour Mlle Galley n'est aucunement lésée. Cet entre-deux bienvenu reprend, en le condensant, le motif du va-et-vient amoureux, durant l'enfance, entre Mlle de Vulson et Mlle Goton. Au cours de la journée, la parole n'est pas un obstacle, comme à l'ordinaire pour Rousseau, mais un « babil » joyeux, bruissement complice plutôt que phrases articulées : « nous ne déparlâmes pas un moment. » (p. 185) La communication paraît immédiate, elle est une communion d'êtres sensibles, dans le sein protecteur de la nature, composante majeure du bonheur selon Rousseau. Le récit de la journée est précédé d'un hymne aux splendeurs de la nature. Les rossignols, qui chantent à la période des amours, font entendre leur plus fort ramage : ils annoncent l'idylle. Tout est uni dans un même sentiment d'amour et de bonheur.

Malgré la promesse de se revoir, les trois jeunes gens ne se sont plus rencontrés. C'est la dernière touche du récit, douleur délicieuse et préromantique du *nevermore*, du « jamais plus ». Le souvenir peut désormais succéder à la réalité, la raviver autant de fois que Rousseau le voudra, la sublimer. L'aventure, fort romanesque par elle-même, avec des demoiselles de condition, illuminée par le prisme de la mémoire et de l'écriture, devient le plus doux des romans. **L'évocation de l'idylle montre pleinement que *Les Confessions* ne sont pas composées pour les seuls lecteurs : Rousseau écrit aussi, surtout, par moments, pour soi.** Cette intention est explicite, avant et après le récit :

> Que j'aime à tomber de temps en temps sur les moments agréables de ma jeunesse ! [...] Ah ! leur seul souvenir rend encore à mon cœur une volupté pure dont j'ai besoin pour ranimer mon courage et soutenir les ennuis du reste de mes ans. (p. 183)

> Pour moi, je sais que la mémoire d'un si beau jour me touche plus, me charme plus, me revient plus au cœur que celle d'aucuns plaisirs que j'aie goûtés en ma vie. (p. 187)

31 QUI EST M. SIMON ?

C'est le juge-mage d'Annecy. (IV, p. 189)

Rousseau fait de ce personnage un long et piquant portrait. Quoiqu'il feigne de s'en défendre, en précisant que « la figure » qu'il « vien[t] de peindre [...] n'est point chargée » (p. 190), l'écrivain recourt aux procédés de la caricature : « M. le juge-mage Simon n'avait assurément pas deux pieds de haut », ses jambes « posaient de biais comme celles d'un compas très ouvert », « il devait paraître une sauterelle quand il était nu », « sa grande perruque seule l'habillait parfaitement de pied en cap » (p. 190). Avec un talent comique accompli, Rousseau campe allègrement la scène burlesque du paysan qui prenait le juge-mage pour une femme (p. 190-191). Dans les deux pages pittoresques qu'il accorde à ce personnage, **l'auteur respecte pleinement son intention d'employer un langage nouveau, un style dont la bigarrure doit représenter son existence dans toute sa diversité : souvent lyrique et pathétique, le ton est parfois humoristique, comme ici.**

La gaieté de l'évocation du magistrat apporte sa touche de lumière chaude dans l'ensemble du tableau des *Confessions*. Les années de la jeunesse ont compté des moments de bonheur, en particulier auprès de Mme de Warens. Or, c'est à l'époque où il vivait auprès d'elle, à Chambéry, que Rousseau a le plus fréquenté M. Simon. Dans les six derniers livres des *Confessions*, la tonalité est plus sombre. Les passages humoristiques de la première moitié de l'œuvre contribuent donc à former un contraste entre les différentes périodes de la vie de l'écrivain.

En outre, la peinture du magistrat est peut-être moins anecdotique que ne le dit l'auteur : « Quoique sa vie ait été peu liée à la mienne, comme j'ai reçu de lui des leçons utiles, j'ai cru pouvoir, par reconnaissance, lui consacrer un petit souvenir. » (p. 192) Ce qui est ainsi présenté comme une pieuse réminiscence peut, en fait, être directement rapproché de l'autoportrait qui constitue le projet des *Confessions*. Dans les quatre premiers livres, les moments d'humour les plus développés concernent l'écrivain en personne, tels l'épisode de l'aqueduc (I) et celui du lamentable concert dirigé à Lausanne (IV). Le portrait de M. Simon fait donc exception : il se rattache, par sa longueur, aux croquis humoristiques de

Rousseau par lui-même. Or, lorsque le narrateur peint avec humour ce qu'il fut dans sa jeunesse, il le fait à un âge mûr et expérimenté. L'être sensé qui se retourne, avec un sourire, sur son passé mérite d'être jugé moins superficiellement que le lecteur n'aurait tendance à le faire. Juste après le récit du pitoyable concert de Lausanne, survient le rappel du succès musical « devant le roi de France et toute sa cour » (p. 200). Du juge-mage d'Annecy, Rousseau écrit : « c'était assurément un bon petit homme dont on commençait par rire, et qu'on finissait par aimer. » (p. 192) Le narrateur souhaite obtenir du lecteur cette attitude, exactement, quand il raconte un épisode comique de sa jeunesse. Le « petit homme » d'alors, parfois risible, vaut la peine d'être aimé.

32 QUE SE PASSE-T-IL ENTRE ROUSSEAU ET LA MERCERET ?

Il ne se passe rien. Rousseau se contente de raccompagner la jeune femme chez son père. (IV, p. 193-195)

Le récit de ce voyage fait partie des nombreux passages qui éclairent la nature de la relation de Rousseau avec les femmes, durant sa jeunesse. Voyant qu'elle ne peut pas compter sur l'amour du jeune homme, Mlle Giraud arrange le retour à Fribourg de la Merceret, la femme de chambre de Mme de Warens. Elle écarte ainsi Rousseau de Mlle Galley et de Mlle de Graffenried. Selon toute apparence, Rousseau devrait découvrir avec sa compagne de voyage la réalité de l'amour, d'autant qu'elle lui laisse entendre qu'il ne lui déplaît pas, et qu'elle ménage les circonstances les plus favorables à l'accomplissement attendu, obtenant, sous prétexte d'être craintive, de le faire coucher dans la même chambre qu'elle. Mais, Rousseau a beau être préoccupé par l'ardeur de ses sens, ainsi que le montre au plus haut point son aventure exhibitionniste (II), il y a loin de la rêverie à l'acte. Par la suite, il lui faut l'aide de Mme de Warens pour faire la découverte longtemps différée (V, p. 255), et il doit à l'initiative d'une autre femme, Mme de Larnage, « de ne pas mourir sans avoir connu le plaisir » (VI, p. 321).

Au moment où il se rappelle le voyage vers Fribourg, l'écrivain promène sur cet épisode un regard amusé. Il fait du jeune homme qu'il était une charge drolatique, mettant en scène, mais dans l'inaction, le type consommé de l'ingénu. L'espoir de la Merceret est peint avec enjouement. Par endroits, le ton humoristique confine à la polissonnerie, fort en vogue au XVIIIe siècle : la Merceret « prenait toujours grand soin, comme elle était fort peureuse, que nous couchassions dans la même chambre : identité qui se borne rarement là dans un voyage entre un garçon de vingt ans et une fille de vingt-cinq. » (p. 194) Tout est dit, surtout par d'éloquents sous-entendus : « Si la pauvre Merceret, en me défrayant, comptait sur *quelque équivalent*, elle en fut la dupe, et *nous arrivâmes à Fribourg exactement comme nous étions partis d'Annecy*. » (p. 194)

Mais, dans *Les Confessions*, les tons les plus divers se côtoient. Ainsi, à propos de l'occasion manquée avec Mlle Merceret, à l'humour succède la déploration : « Voilà encore une circonstance de ma vie où la Providence m'offrait précisément ce qu'il me fallait pour couler des jours heureux. » (p. 195-196) Rousseau développe son regret : « j'aurais pu l'épouser sans peine, et suivre le métier de son père. [...] Je me serais établi à Fribourg, petite ville peu jolie, mais peuplée de très bonnes gens. [...] j'aurais vécu en paix jusqu'à ma dernière heure » (p. 196). Cette réflexion désolée correspond exactement, dans l'idée, comme dans le temps des verbes, des irréels du passé, à celle de la fin du premier livre. Le rapprochement mérite d'être établi avec d'autant plus de force que, dans les deux paragraphes qui précèdent le récit de la séparation avec Mlle Merceret et l'expression du regret de ne l'avoir pas épousée, Rousseau parle de Genève et de son père, auquel il rend visite. Or, précisément, c'est à la fin du livre premier, juste avant d'exposer son amertume de ne pas avoir mené une vie simple, qu'il raconte sa fuite, loin de sa ville et de son père. En réalité, un semblable regret ne trahit-il pas chez Rousseau une contradiction fondamentale ? Après avoir analysé la raison de sa préférence pour les « demoiselles », plus délicates dans leur aspect et dans leur conversation que les femmes du peuple, notamment les « filles de chambre », Rousseau parle encore de ce goût au présent : « Je trouve moi-même cette préférence très ridicule, mais mon cœur la donne malgré moi. » (IV, p. 182-183) C'est alors qu'il vivait avec Thérèse Levasseur, femme du peuple, plus qu'aucune autre, que Rousseau s'est épris de l'aristocrate Sophie d'Houdetot.

33 DANS QUEL BUT L'ARCHIMANDRITE PARCOURT-IL L'EUROPE ?

« Il me conta [...] qu'il était chargé de faire une quête en Europe pour le rétablissement du Saint-Sépulcre. » (IV, p. 205-206)

Le moine grec est un personnage haut en couleur. Son allure frappe le regard, par sa prestance et sa singularité : c'est « un homme à grande barbe avec un habit violet à la grecque, un bonnet fourré, l'équipage et l'air assez nobles » (p. 205). Il surprend également par son langage, « jargon presque indéchiffrable, mais plus ressemblant à l'italien qu'à nulle autre langue. » (p. 205) Il provoque la sympathie, car il est « homme de bonne compagnie, aimant assez à tenir table, gai, parlant bien pour ceux qui l'entendaient, ne manquant pas de certaines connaissances, et plaçant son érudition grecque avec assez d'agrément. » (p. 206) Son itinéraire sort également de l'ordinaire, puisque, après être passé en Allemagne, il se rend en Suisse et compte revenir en Allemagne pour retourner à Jérusalem, via la Hongrie ou la Pologne. Au reste, cet homme est un faux archimandrite, un escroc habile. Si les sénats de Fribourg et de Berne lui donnent de l'argent, l'ambassadeur de France à Soleure ne s'en laisse pas compter : « Malheureusement pour mon évêque, cet ambassadeur était le marquis de Bonac, qui avait été ambassadeur à la Porte, et qui devait être au fait de tout ce qui regardait le Saint-Sépulcre. » (p. 208) **Digne en tout point d'un roman d'aventures, le moine grec fait une brève apparition dans *Les Confessions*, à la manière d'un personnage picaresque.**

En l'accompagnant « pour lui servir de secrétaire et d'interprète » (p. 206), Rousseau connaît une période aussi romanesque que l'archimandrite lui-même. Il le rencontre par hasard, « un jour », « dans un cabaret » (p. 205), et doit le quitter tout aussi brusquement, sans même pouvoir lui faire ses adieux, à Soleure (p. 209). Pour le suivre, il laisse Lausanne où il séjournait et accepte d'aller par monts et par vaux jusqu'à Jérusalem (p. 206). En cela, Rousseau, éloigné de Mme de Warens à cette époque, suit, comme à d'autres occasions déjà, la pente de son tempérament, affriandé par la perspective de la liberté dans un vagabondage serein. Du reste, il trouve en la circonstance un but, alors qu'à Lausanne il était en proie à une vague mélancolie, les jours où il était livré à lui-même, « toujours errant, rêvant, soupirant » (p. 205). Protestant converti au catholicisme, il sert un moine orthodoxe, plaidant sa cause « pour tous les chrétiens sans distinction de secte » (p. 207). Voici Rousseau engagé dans une aventure agréable et cocasse, dont la narration, elle-même romanesque, rehausse encore une existence déjà fort pittoresque et ne manque pas de produire son effet : « le marquis de Bonac [...] fut si content de ma petite histoire et de l'effusion de cœur avec laquelle il vit que je l'avais contée, qu'il me prit par la main, entra chez Mme l'ambassadrice, et me présenta à elle en lui faisant un abrégé de mon récit. » (p. 209) Cette période reflète à elle seule l'esprit du quatrième livre : tout y paraît possible, en bien comme en mal.

34 QUE FAIT ROUSSEAU, AU SERVICE DE L'ARCHIMANDRITE, DEVANT LE SÉNAT DE BERNE ?

Le jeune interprète a dû improviser un discours. (IV, p. 207)

Il y parvient sans embarras, avec assez de persuasion pour faire accorder à l'archimandrite une somme honorable. Quant à lui, il reçoit des compliments sur son esprit. **L'écrivain relève le fait, car il est probablement unique** : « Voilà la seule fois de ma vie que j'ai parlé en public et devant un souverain, et la seule fois aussi peut-être que j'ai parlé hardiment et bien. » (p. 207) Dans un autre passage des *Confessions*, Rousseau s'explique d'une manière détaillée sur son incapacité à prendre la parole en public, au point de paraître stupide : « Si peu maître de mon esprit, seul avec moi-même, qu'on juge de ce que je dois être dans la conversation, où, pour parler à propos, il faut penser à la fois et sur-le-champ à mille choses. [...] Ce qu'il y a de plus fatal est qu'au lieu de savoir me taire quand je n'ai rien à dire, c'est alors que pour payer plus tôt ma dette, j'ai la fureur de vouloir parler. Je me hâte de balbutier promptement des paroles sans idées, trop heureux quand elles ne signifient rien du tout. » (III, p. 160-161)

Afin de faire mesurer à son lecteur la singularité de son éloquence bernoise, Rousseau interrompt le fil chronologique de son récit pour mettre cet épisode ancien en parallèle avec un événement récent. Obligé de prendre la parole en public, à Yverdun, il s'est ridiculisé par sa confusion (p. 207-208). **Pour Rousseau, la parole est un obstacle**, et cela va en s'aggravant avec le temps : « Quoique timide naturellement, j'ai été hardi quelquefois dans ma jeunesse, jamais dans mon âge avancé. » (p. 208) Or, Rousseau a besoin de recourir aux mots pour se faire connaître et convaincre les autres hommes de son innocence. C'est précisément le projet des *Confessions*. Renonçant à l'espoir de se faire comprendre de vive voix, il confie ce soin à l'écriture. **Ainsi, l'épisode exceptionnel du discours prononcé à Berne, loin d'être anecdotique, donne implicitement à l'auteur l'occasion de justifier la rédaction des *Confessions*.**

35 QUEL EST L'HOMME CÉLÈBRE QUI AVAIT OCCUPÉ, À SOLEURE, LA CHAMBRE ACCORDÉE À ROUSSEAU ?

Il s'agit de son homonyme, le poète Jean-Baptiste Rousseau. (IV, p. 209)

La mention de cette coïncidence permet d'entrevoir la relation de l'écrivain avec la célébrité, et, plus largement, ses rapports avec la société de son temps. En conduisant le jeune homme à sa chambre, M. de la Martinière, secrétaire de l'ambassade de France auprès de la Confédération helvétique, l'invite à devenir aussi célèbre que celui qui, à cette époque, était reconnu comme l'un des plus grands poètes de son siècle : « il ne tient qu'à vous de le remplacer de toutes manières, et de faire dire un jour, Rousseau premier, Rousseau second. » Jean-Jacques Rousseau, qui vient de plaire à l'ambassadeur par l'intérêt et la vivacité de son récit (p. 208-209), ne néglige pas cette invitation. Par « curiosité », il lit les œuvres de son homonyme. Puis il compose des vers, à son tour. L'objet de son poème n'est pas indifférent, puisqu'il célèbre l'épouse du maître des lieux : « je fis pour mon coup d'essai une cantate à la louange de Mme de Bonac. » (p. 209) Ainsi, **Rousseau apparaît sous le jour d'un flatteur, d'un individu désireux de parvenir.** Du reste, cette impression confirme l'aspect déjà révélé à Turin, lorsque le jeune homme était au service de la maison de Solar (III). Dans la suite du quatrième livre, en se peignant sous des traits plus naïfs et plus sympathiques qu'à Turin et Soleure, Rousseau rappelle qu'il forma le rêve d'acquérir la gloire à la tête d'une armée. Encore faut-il préciser que les manifestations de son ambition sont rares au début de sa vie dans le monde. Le désir de parvenir devient systématique par la suite, à Lyon et surtout à Paris, de 1732 à 1750. Un vers de son *Épître à Parisot*, en 1742, le laisse voir clairement :

> De la gloire est-il temps de rechercher le lustre ?

Pour Rousseau, la réponse ne fait alors aucun doute. C'est en 1750 qu'il parvient enfin à acquérir la célébrité, avec le *Discours sur les sciences et les arts.*

En avouant son ambition et son désir de devenir célèbre, Rousseau ne se grandit pas, à première vue. Mais il faut dépasser la première impression et considérer qu'il **respecte fidèlement son projet : « j'ai dévoilé mon intérieur »** (I, p. 34). C'est en cela que réside sa véritable grandeur : il livre à son lecteur, sans les farder, ses sentiments, du plus noble jusqu'au plus petit. De surcroît, l'écrivain estime avoir chèrement expié son ambition, à partir de 1762, après une période de gloire littéraire et intellectuelle. Il doit mener une existence errante jusqu'en 1770, en Suisse, en Angleterre, en France. Condamné en France et dans sa propre cité, Genève, il est tenaillé par un sentiment de persécution, qui confine par moments au délire. Tel est son état d'esprit au moment où il rédige la Première Partie des *Confessions*. C'est pourquoi, juste après avoir rapporté les paroles de M. de la Martinière à propos des deux Rousseau, l'auteur ajoute ce commentaire amer : « Cette conformité, qu'alors je n'espérais guère, eût moins flatté mes désirs si j'avais pu prévoir à quel prix je l'achèterais un jour. »

36 QUEL SENTIMENT INSPIRE À ROUSSEAU LA DÉCOUVERTE DE PARIS ?

Il ressent une profonde déception. (IV, p. 211-212)

Ce moment important est attendu par Rousseau. Quoique Suisse, il a volontiers les yeux tournés vers la France, dont il parle la langue et dont il a lu un grand nombre d'auteurs. En outre, la découverte de Paris, capitale illustre d'un des plus puissants pays de l'Europe, doit représenter un temps fort de l'apprentissage du monde, au cours de ces années de formation. Enfin, Paris est associé à l'espoir de conquérir la gloire dans un commandement militaire (p. 210-211). Mais, **la déception est à la mesure de l'espoir, immense.** L'auteur fait de la ville, telle qu'elle lui est apparue pour la première fois, un tableau désolant, où s'accumulent les touches péjoratives : « je ne vis que de petites rues sales et puantes, de vilaines maisons noires, l'air de la malpropreté, de la pauvreté, des mendiants, des charretiers, des ravaudeuses, des crieuses de tisanes et de vieux chapeaux. » (p. 211) Là tout n'est que petitesse et laideur, misère, souffrance et déplaisir. La déception est d'autant plus forte que Rousseau s'était imaginé une ville encore supérieure à Turin qui l'avait ravi. N'étant pas tout, Paris ne peut être que rien.

À proprement parler, **plus encore que de déception, il s'agit de désillusion.** L'illusion, rêve d'une ville éblouissante, avait été nourrie par l'imagination, elle-même mise en mouvement par les mots : « On m'avait tant vanté Paris, que je me l'étais figuré comme l'ancienne Babylone » (p. 212). L'imagination est faite d'images, réelles pour certaines, inventées pour la plupart. Ce que Rousseau avait aimé à Turin, c'était l'impeccable apparence de la capitale piémontaise, « la beauté des rues, l'alignement et la symétrie des maisons » (p. 211). Dans le deuxième livre, Turin est présenté comme un décor de théâtre au milieu duquel Rousseau se déplace

(p. 109-110). Il attend de trouver à Paris un décor plus somptueux encore avec « de superbes rues, des palais de marbre et d'or » (p. 211). Les images retenues de Turin servent à former l'imaginaire parisien. D'une manière générale, l'écrivain est très sensible aux impressions visuelles. Dans le cas de la capitale française, la première impression est ineffaçable, malgré ce qu'il a « vu depuis à Paris de magnificence réelle » (p. 212). **En discernant dans son « imagination trop active » (p. 212) la cause de sa désillusion, Rousseau souligne un trait particulier de son caractère, qui contribue à faire de lui un homme différent de tous les autres : « Je ne suis fait comme aucun de ceux que j'ai vus » (I, p. 33). Il a conscience de sa singularité et en fait part au lecteur, en vertu du projet annoncé au début de l'œuvre. Aussi la relation de la découverte de Paris n'est-elle pas anecdotique, mais exemplaire.** La réalité n'est jamais à la hauteur de ce qu'il a imaginé, comme le prouvent les expériences similaires de l'Opéra, de Versailles et de la mer.

37 À QUELLE OCCASION ROUSSEAU PREND-IL CONSCIENCE DU FARDEAU QUE LES IMPÔTS FONT PESER SUR LE PEUPLE ?

Alors qu'il se rend de Paris à Lyon, Rousseau s'arrête, par hasard, chez un paysan, pour dîner. Dans un premier temps, cet homme se méfie du voyageur, qu'il prend pour un auxiliaire du fisc. (IV, p. 216-217)

Cet épisode rend compte de l'oppression fiscale dans laquelle le Tiers-État est tenu, sous l'Ancien Régime : tous ceux qui n'appartiennent pas à la noblesse ou au clergé sont grevés d'impôts de toutes sortes. C'est ainsi que le paysan redoute les « aides » et « la taille ». **L'auteur dénonce le scandale que constitue le système fiscal de la France, à cette époque.** Son hôte ne peut jouir librement des fruits de son propre travail : c'est une injustice profonde qui ressemble à un acte de brigandage, puisque la nature mise en valeur par les soins des travailleurs est « *la proie* des *barbares* publicains ». **Aux yeux de Rousseau, le scandale réside également dans la perversion à laquelle le paysan est réduit** : pour échapper à la misère, l'homme est contraint de dissimuler le meilleur de ses victuailles et de n'offrir d'abord qu'un repas sommaire, fait de « lait écrémé et de gros pain d'orge ». Il est forcé de mentir au voyageur, « en [lui] disant que c'était tout ce qu'il avait. » Pourtant, le paysan est d'un caractère foncièrement accueillant et généreux, comme le prouvent l'abondance et la qualité des mets dont il régale le jeune homme, une fois qu'il s'est défait de ses craintes.

Ici apparaît une idée majeure de la réflexion sociale de Rousseau, constamment présente par la suite, dans ses ouvrages politiques et moraux : l'homme, naturellement bon, est perverti par la société. Il convient à cet égard de cerner une nuance fondamentale : Rousseau ne condamne pas toute vie en société, loin s'en faut, mais seulement celle qui se déroule dans une société trop nombreuse, où l'être humain n'est pas respecté, où le désir de la domination, par l'argent, en particulier, règne en maître. Ainsi Rousseau oppose-t-il la France à « Genève », à la « Suisse où tous les habitants à leur aise sont en état d'exercer l'hospitalité », ce que l'homme accablé d'impôts ne peut faire d'emblée. **L'épisode du repas chez le paysan constitue pour Rousseau une révélation** : « Tout ce qu'il me dit à ce sujet, et dont je n'avais pas la moindre idée, me fit une impression qui ne s'effacera jamais. » Cette révélation préfigure, bien des années avant, l'illumination de Vincennes, en 1749, au cours de laquelle Rousseau a conçu son système politique : « Ce fut là le germe de cette haine inextinguible qui se développa depuis dans mon cœur contre les vexations qu'éprouve le malheureux peuple et contre ses oppresseurs. »

38 DE QUELLE MANIÈRE ROUSSEAU SE DÉPLACE-T-IL DE PARIS À CHAMBÉRY, EN PASSANT PAR LYON ?

Il accomplit cette longue route à pied. (IV, p. 216-228)

Depuis son départ volontaire de Genève, Rousseau voyage beaucoup, le plus souvent à pied, en compagnie ou encore tout seul (II à IV). Le quatrième livre est par excellence celui des voyages. Le voyage à pied apporte le bonheur à Rousseau : « La vie ambulante est celle qu'il me faut » (p. 227). Loin d'être une gêne, la solitude est, au contraire, une condition de ce bonheur. Il s'agit là d'un trait majeur du caractère de Rousseau. Les développements de la fin du quatrième livre relatifs aux voyages à pied contribuent à l'autoportrait moral de l'auteur. **Ce que Rousseau aime dans ses voyages solitaires, c'est jouir d'une liberté absolue.** Exempt de toute contrainte sociale, il peut aller à l'aventure, sans trajet strictement établi.

Le voyage à pied donne à Rousseau l'occasion d'éprouver la plénitude de soi-même. « Jamais je n'ai tant pensé, tant existé, tant vécu, tant été moi, si j'ose ainsi dire, que dans ceux [les voyages] que j'ai faits seuls et à pied. » (p. 215) Au milieu de la nature aimée, forcément bonne, selon

Rousseau, parce qu'opposée à la corruption humaine, une communion spontanée unit son être intérieur au monde extérieur. Bien plus, l'intérieur, stimulé par le spectacle agréable des paysages trouve à s'épancher sans limite vers l'extérieur. « Je dispose en maître de la nature entière ; mon cœur, errant d'objet en objet, s'unit, s'identifie à ceux qui le flattent, s'entoure d'images charmantes, s'enivre de sentiments délicieux. » (p. 215) Ainsi est aboli l'obstacle fondamental, si pénible en d'autres circonstances, qu'est la séparation entre l'intérieur et l'extérieur. Il n'est pas besoin de paroles pour comprendre la nature et recevoir son inspiration. Elle provoque la plus grande fertilité de pensée. Au reste, c'est au cours d'un déplacement à pied, sous un arbre, que Rousseau a eu l'idée de son système moral et politique, lors de l'illumination de Vincennes. Les voyages à pied, dans la nature, favorisent aussi la rêverie, qui confine à l'extase.

Enfin, le voyage à pied peut être rapproché du sens même des *Confessions*, dans un double rapport d'opposition et de similitude. À propos de ses ouvrages, Rousseau confie aux lecteurs : « Oh ! si l'on eût vu ceux de ma première jeunesse, ceux que j'ai faits durant mes voyages, ceux que j'ai composés et que je n'ai jamais écrits... Pourquoi, direz-vous, ne les pas écrire ? Et pourquoi les écrire ? vous répondrai-je : pourquoi m'ôter le charme actuel de la jouissance, pour dire à d'autres que j'avais joui ? Que m'importaient des lecteurs, un public, et toute la terre, tandis que je planais dans le ciel ? » (p. 215) Telle n'est pas la moindre confession, superbe et sereine, des *Confessions*. Bonheur éblouissant d'un temps où il ne fallait rendre aucun compte de soi. C'était avant le libelle de Voltaire et l'obligation de se peindre pour s'expliquer. Mais Rousseau n'écrit pas seulement pour les autres. Le récit des années de la jeunesse est parcouru par le pur plaisir de retrouver, grâce à l'écriture, les bonheurs de cette époque, conservés au fond de la mémoire. Rousseau raconte comment, avant d'arriver à Chambéry, à Chailles, il fut ravi de regarder une rivière loin en contrebas : « je pouvais contempler au fond et gagner des vertiges tout à mon aise, [...] j'aime beaucoup ce tournoiement » (p. 227). Le sentiment éprouvé devant ce spectacle est comparable à celui de l'homme qui se souvient pour se retrouver, et regarde en lui-même jusqu'au vertige. La page consacrée à cette contemplation en montagne pourrait figurer parmi *Les Rêveries du promeneur solitaire*. Dans ce livre, écrit après *Les Confessions*, Rousseau cherche de nouveau à se connaître. Promenades, quête de soi et rêverie y composent une symphonie intérieure.

39 QUEL EMPLOI MADAME DE WARENS FAIT-ELLE OBTENIR À ROUSSEAU ?

Il est engagé parmi les secrétaires chargés d'établir le cadastre général du royaume, pour le roi Victor-Amédée. (IV, p. 228-229)

Cet emploi témoigne, une fois encore, de la sollicitude presque maternelle de Mme de Warens envers Rousseau. Auparavant, elle avait même tenté de faire de lui un homme d'église (III). En outre, **cette place marque le terme d'une longue suite de tribulations,** de « quatre ou cinq ans de courses, de folies et de souffrances » (p. 229). Après une jeunesse souvent troublée, turbulente parfois, **enfin, semble venir le moment de l'entrée dans l'âge adulte** : « je commençai pour la première fois de gagner mon pain avec honneur. » (p. 229) Par un curieux retournement de situation, le voyageur qui a longuement traversé de vastes étendues est amené à se fixer pour participer à la mise en cartes et en documents de l'espace. Gage de la stabilité nouvelle, Rousseau se trouve auprès de « Maman », tout désireux de ne plus la quitter. En fait, au livre cinquième, Rousseau raconte comment, lassé de la médiocrité de son entourage, au service du cadastre, il renonce à son poste pour se consacrer avec joie à l'enseignement de la musique. Du moins reste-t-il auprès de sa protectrice.

L'écrivain ne se contente pas de fournir un fait autobiographique. Il le met en place à l'aide de plusieurs procédés. Si, dans *Les Confessions*, Rousseau donne apparemment libre cours à ses souvenirs, en fait, il recourt constamment à un art habile et discret de la composition. D'abord, il convient de remarquer que l'explication concernant la nature de l'emploi est le dernier fait mentionné au livre quatrième, la page suivante, la dernière, exposant une réflexion d'ensemble. La mention du poste qui vient clore une époque est elle-même située à la clôture du quatrième livre, selon un principe esthétique d'une efficacité toute classique. La clôture joue même un rôle par rapport aux quatre premiers livres, dont l'unité est ainsi soulignée, puisque Rousseau, ainsi qu'il l'indique, n'avait connu que « courses, [...] folies et [...] souffrances depuis [sa] sortie de Genève » (p. 229). Or, cette sortie, correspond à la fin du livre premier. En outre, l'auteur met en valeur l'information relative à l'emploi de secrétaire, en employant un léger effet de suspens, quelques pages auparavant : « Je m'épuisais en conjectures pour deviner quelle pouvait être cette occupation, et il aurait fallu deviner en effet pour rencontrer juste. » (p. 225-226) L'attente créée chez le lecteur renforce, par avance, l'intérêt de la nouvelle. Enfin, peut-être moins par le plus grand des hasards qu'en vertu d'une version romancée de la réalité, l'Intendant général, qui a accordé l'emploi, se trouve être présent au moment même du retour de Rousseau. Cette circonstance, fort opportune sous la plume du narrateur, donne lieu à une courte scène, pleinement théâtrale, dans laquelle le premier rôle est donné à Mme de Warens.

40 À LA FIN DU QUATRIÈME LIVRE, QUI ROUSSEAU ASSOCIE-T-IL À SON ENTREPRISE AUTOBIOGRAPHIQUE ?

Il fait appel au lecteur. (IV, p. 229-230)

La dernière page fait office de clôture, pour l'ensemble des quatre premiers livres des *Confessions*. En effet, comme au début du premier livre, Rousseau déclare se montrer autant qu'il le peut au lecteur. Aux deux bouts de ce qui peut être regardé comme un ensemble cohérent, les deux textes contiennent une même intention. Certes, ce sont les six premiers livres qui forment la Première Partie des *Confessions*, et qui ont été rédigés dans une même continuité. Mais, à partir du cinquième livre, Rousseau entre dans un autre âge de son existence. Aussi l'écrivain peut-il parler des « longs détails de [s]a première jeunesse », pour désigner les événements et les sentiments présentés jusque-là. Alors qu'à cette époque le temps de la jeunesse est vu comme une période d'attente, avant l'âge adulte, période importante, mais non déterminante, pour Rousseau, au contraire, l'enfance et l'adolescence sont le socle affectif de sa vie entière : « pour me connaître dans mon âge avancé, il faut m'avoir bien connu dans ma jeunesse ». Voilà pourquoi l'écrivain accorde une place exceptionnellement longue par rapport aux mémoires antérieurs et contemporains à cette époque où son caractère s'est forgé. L'importance de l'enfance est telle qu'elle imprègne encore le caractère de l'adulte, selon Rousseau. C'est un des traits qui font la singularité de sa personnalité : « quoique né homme à certains égards, j'ai été longtemps enfant, et je le suis encore à beaucoup d'autres. »

Dès le début de l'ouvrage, Rousseau convoque le lecteur. Régulièrement, au cours des quatre premiers livres, il s'adresse à lui, établissant un véritable dialogue, qui surplombe le récit des faits. **Le rôle actif que l'auteur demande au lecteur de tenir est rappelé avec force à la fin du quatrième livre.** Rousseau déclare se contenter de livrer la matière biographique brute — « avec simplicité » —, l'agencement des pièces fournies est à la charge du lecteur, qui se voit donc attribuer la fonction majeure et décisive : « C'est à lui d'assembler ces éléments et de déterminer l'être qu'ils composent : le résultat doit être son ouvrage ». Pour y parvenir, le lecteur est aidé par l'auteur, dont la tâche consiste à l'introduire à l'intérieur de son être. Si Rousseau se livre à une introspection, c'est pour faire du lecteur un spectateur intérieur. Par crainte de ne pas être perçu dans sa vérité, Rousseau est obsédé par le souci de la transparence, exprimé avec insistance par les vocabulaires complémentaires du regard et de la lumière : « Je voudrais pouvoir en quelque façon rendre mon âme *transparente*, *aux yeux* du lecteur, et pour cela je cherche à la lui *montrer* sous tous les *points de vue*, à l'*éclairer* par tous les *jours*, à faire en sorte qu'il ne s'y passe pas un mouvement qu'il n'*aperçoive*, afin qu'il puisse juger par lui-même du principe qui les produit. » Rousseau est conscient d'une difficulté, le manque éventuel de renseignements : « Je n'ai qu'une chose à craindre dans cette entreprise : [...] c'est de ne pas tout dire et de taire des vérités. » Or, il est impossible de tout dire, car il faudrait, pour chaque journée vécue, un volume entier. Immanquablement, l'auteur n'offre au lecteur qu'une sélection de faits et de sentiments, aussi nombreux et précis soient-ils. Malgré son désir de transparence, il passe la matière de sa vie au crible de sa subjectivité, ne donnant à voir que ce qu'il juge être de première importance, en soi ou à titre d'exemple. Quelque sincère et audacieuse qu'elle soit, l'entreprise de Rousseau ne peut donc pas atteindre pleinement le but annoncé. En outre, l'objectivité est impossible, même pour les éléments soumis au jugement du lecteur, puisqu'ils sont colorés de la sensibilité de Rousseau, et, en cela, déjà en partie interprétés.

■ 4 ÉTUDES

I *LES CONFESSIONS*, UNE AUTOBIOGRAPHIE

Le mot « autobiographie » n'apparaît en français qu'en 1836, soit plus d'un demi-siècle après la rédaction des *Confessions*. Pourtant, cette œuvre est considérée comme la première autobiographie. Il importe donc d'examiner les raisons pour lesquelles *Les Confessions* constituent un ouvrage d'un genre nouveau, avant de cerner les buts, externes, mais aussi internes, visés par Rousseau.

1 UN OUVRAGE D'UN GENRE NOUVEAU

A ▶ TRADITION

Rousseau n'est pas le premier écrivain à parler de lui-même dans un de ses livres. Dans l'antiquité, le poète Horace s'observe et se laisse voir, dans ses odes, ses satires et ses épîtres. Saint Augustin a retracé sa vie dans une perspective apologétique, avec ses *Confessions*. En empruntant le titre de son ouvrage à ce Père de l'Église, Rousseau se relie ouvertement à une tradition. À une époque plus récente, Montaigne, dans ses *Essais*, s'est peint par petites touches, dans des circonstances publiques, mais aussi privées. D'une manière générale, *Les Confessions* de Rousseau s'apparentent jusqu'à un certain point au genre des mémoires, fort pratiqué au XVIIIe siècle. Mais l'ouvrage renouvelle le genre au point d'en créer un nouveau.

B ▶ INNOVATION

L'originalité des *Confessions* réside dans plusieurs traits. Tout d'abord, Rousseau fait de lui-même le sujet de son livre, alors que dans le genre des mémoires, l'auteur, qui assure la narration, est tout autant, voire plus souvent, observateur et simple témoin des faits rapportés qu'objet du récit. En outre, Rousseau choisit de montrer au lecteur non pas l'individu public, parmi ses contemporains, mais sa personne privée, pour dévoiler son caractère. Si Rousseau relate son existence parmi les autres hommes, c'est que ses relations avec autrui apportent leur éclairage sur sa personnalité. De plus, Rousseau ne se peint pas par intermittence, à l'occasion, mais son projet est systématique. L'ouvrage de Rousseau correspond ainsi pleinement à la définition que Philippe Lejeune donne de l'autobiographie : « Récit rétrospectif en prose qu'une personne réelle fait de sa propre existence, lorsqu'elle met l'accent sur sa vie individuelle, en particulier sur l'histoire de sa personnalité. » (*Le Pacte autobiographique*, Paris, Seuil, 1996, p. 14) Un autre élément concourt à l'innovation littéraire apportée par *Les Confessions*, il s'agit du pacte proposé, pour ne pas dire imposé, au lecteur. Régulièrement interpellé, pris à témoin par l'auteur, il doit tenir un rôle actif dans l'autobiographie, puisque c'est à lui que revient, en dernière analyse, la tâche de juger Rousseau, c'est-à-dire de donner un sens à l'ensemble des informations fournies au cours du récit. L'innovation fondamentale que constituent *Les Confessions* n'échappe pas à leur auteur. Le préambule, qui peut sembler n'être que l'épanchement irritant d'un narcissisme orgueilleux, mérite d'être considéré comme un regard lucide porté sur une œuvre d'un genre nouveau : « Je forme une entreprise qui n'eut jamais d'exemple » (I, p. 33).

2 LES BUTS EXTERNES

A ▶ JUSTIFICATION AUPRÈS DU LECTEUR

En 1764, le libelle *Le Sentiment des citoyens* révèle Rousseau sous un jour odieux. L'homme qui, deux ans plus tôt, en publiant *Émile*, faisait figure de théoricien de l'éducation, a abandonné ses propres enfants. Cet homme est-il un monstre ? Rousseau doit s'expliquer. Au reste, trop d'incompréhensions troublent ses rapports avec ses semblables, depuis des années. Il saisit l'occasion brutalement imposée par Voltaire, sous le masque perfide de l'anonymat, pour se dévoiler franchement, sous son nom et dans les moindres aspects de son être. Puisque Rousseau doit être jugé, il veut fournir lui-même au public les pièces de son procès. L'écrivain avait ainsi prévu d'adjoindre à son ouvrage un nombre important de documents, annexes de son autobiographie, afin de constituer un dossier proprement judiciaire. Pour que le lecteur le juge en pleine connaissance de cause, Rousseau décide ne rien cacher. Il entreprend de révéler ses actes, jusqu'aux plus sordides, et ses sentiments, même les plus honteux.

Tant pis si cette mise à nu est regardée comme une répugnante exhibition : les lectures publiques que l'auteur a données de son ouvrage, en 1770 et 1771, n'ont pas manqué de faire scandale. Rousseau dépasse largement le tort révélé dans le libelle. Il fait des aveux auxquels nul ne s'attendait, en remontant, dans le temps, et, selon lui, dans la gravité, bien avant son indignité paternelle : désir d'être fessé (I), accusation mensongère au détriment d'une servante (II), abandon d'un ami malade (III), les hontes et les fautes accompagnent déjà les plus jeunes années. Rousseau ne s'épargne pas. À ce prix seul, celui d'une absolue franchise, il peut obtenir un jugement équitable de ses lecteurs. En contrepartie, sa sincérité lui donne le droit de se justifier, de relativiser sa responsabilité, compte tenu de son histoire, de son caractère et des circonstances, souvent atténuantes, selon Rousseau. L'absence de sa mère, dès la naissance, la découverte de l'injustice, à cause d'un peigne brisé, la conduite vicieuse d'un maître, pendant l'apprentissage, et toutes sortes d'influences, tels sont les éléments que le lecteur doit aussi connaître. Pour vaincre l'obstacle de l'incompréhension, pour repousser par un texte rédigé les limites de l'incommunicabilité, Rousseau emploie le moyen de l'introspection pour rendre sa vie transparente. Il veut rendre l'intérieur visible à l'extérieur, ainsi que le stipule la dernière page du quatrième livre.

B ▶ EXEMPLARITÉ DES *CONFESSIONS*

« Je veux montrer à mes semblables un homme dans toute la vérité de la nature ; et cet homme ce sera moi. » (I, p. 33) En se dévoilant, Rousseau ne place pas le lecteur dans une situation passive, loin s'en faut. Non seulement il lui laisse le soin d'assembler les éléments qu'il lui livre, mais encore il l'amène inévitablement, incidemment, à faire, lui aussi, un retour sur lui-même. En voyant se dérouler le cours d'une existence humaine, tout homme peut concevoir pareil projet pour soi. Chez une partie des premiers chrétiens, la confession était publique. *Les Confessions* ont tout lieu de provoquer un examen de conscience chez le lecteur, et de l'inviter à considérer ses semblables avec un regard nouveau. Rousseau tend au lecteur le miroir dans lequel il se reflète. Aussi peut-il écrire qu'il a composé « un ouvrage unique et utile, lequel peut servir de première pièce de comparaison pour l'étude des hommes » (p. 31). La franchise est une donnée primordiale de l'accord en société. En montrant l'exemple, Rousseau continue, d'une manière indirecte, à tenter d'amender les rapports humains, comme il l'a fait dans ses discours et ses romans. En outre, ce rôle externe, secondaire par rapport à la justification, mais important, revêt un autre aspect, plus stratégique. À ses détracteurs, au premier rang desquels se trouve l'auteur du libelle, Rousseau donne une leçon d'humilité. Ceux qui le jugent avant de le connaître, et qui le condamnent avant de le bien juger, valent-ils mieux que lui ? Qu'ils affrontent d'abord ce qu'ils ont fait et ce qu'ils sont. Dès le préambule, l'allusion à la femme adultère de l'Évangile ne dit pas autre chose : « Que chacun d'eux découvre à son tour son cœur aux pieds de ton trône avec la même sincérité ; et puis qu'un seul te dise, s'il l'ose : *Je fus meilleur que cet homme-là*. » (I, p. 34)

3 LES BUTS INTERNES

A ▶ SE TROUVER

Au moment où il commence à rédiger *Les Confessions*, Rousseau a plus de cinquante ans. Il paraît avoir mené, ou subi, non pas une vie, mais plusieurs. Qu'y a-t-il de commun entre l'enfant, puis l'adolescent ballotté au gré du hasard et l'homme encore jeune qui parvient enfin à satisfaire son ambition dans le monde, entre le penseur influent, admiré par ses contemporains, et l'homme vieillissant, en rupture de société, condamné, rejeté, tourmenté ? Il a fréquenté tant de personnes, de toutes les conditions sociales, parcouru tant de lieux, à travers différents pays d'Europe, connu tant de situations, du désarroi le plus pénible au plus délicieux bonheur, qu'il éprouve le besoin de faire un retour sur lui-même pour savoir quel homme il est. Spectateur de son existence, dont le sens se brouille, à force de diversité, Rousseau tente de se trouver, de percevoir une cohérence dans le chaos bigarré dont il est fait, en un endroit unique et continu, son ouvrage autobiographique. Seule l'écriture peut réunir les morceaux épars d'une vie multiple et discontinue. L'écriture est le ciment qui peut fixer les fragments innombrables, pour que la mosaïque ainsi composée offre à Rousseau un portrait de lui-même. L'utilité d'une telle tâche se fait sentir à l'échelle d'une vie entière, mais aussi pour les seules vingt premières années, tant elles sont foisonnantes. En outre, la nécessité de faire de l'autobiographie un miroir est renforcée par une disposition particulière que Rousseau détecte dans son caractère. Il estime abriter en lui des personnalités différentes, voire opposées : « On dirait que mon cœur et mon esprit n'appartiennent pas au même individu. » (III, p. 158)

B ▶ LE BONHEUR RETROUVÉ

En s'engageant dans sa quête intérieure, Rousseau peut découvrir le pire, étalant à ses propres yeux, autant qu'à ceux du lecteur, les souffrances qu'il a éprouvées, et plus encore les fautes qu'il a commises. Au reste, le remords de l'injustice faite à Marion ne l'a jamais quitté. Mais Rousseau peut aussi retrouver le meilleur de sa vie. À l'âge où il entreprend *Les Confessions*, l'écrivain estime ne plus connaître de bonheurs semblables à ceux de sa jeunesse. Banni de liesse, il n'a plus que le souvenir pour accéder encore aux félicités évanouies. Grâce à l'écriture, il rappelle les moments précieux, mieux encore, il les soustrait au temps fugace et les fixe dans son ouvrage, pour une éternité intime. L'écriture abolit le temps. Rousseau reprend, ranime, recompose le passé, et en démultiplie les joies en toute liberté. Sous la plume resurgit l'idylle des cerises, Mlle Galley et Mlle de Graffenried ont vingt ans, pour toujours. Rousseau voit les moindres détails de Bossey, et les ressuscite. Il rencontre, pour une première fois sans cesse renouvelée, Mme de Warens, et le miracle de la communion des cœurs se produit inépuisablement. Orphée avait perdu Eurydice, une seconde fois, irrémédiablement, en se retournant vers elle, Rousseau retrouve infiniment Mme de Warens en se retournant vers elle, grâce au pouvoir d'évocation, toute poétique, de son écriture. Cent autres scènes émaillent le récit des quatre premiers livres, avec leur lot de joies et de sérénité. Rousseau emploie volontiers le présent pour retracer ces moments, pour les ramener à lui et les rendre éternels. En retrouvant les bonheurs de sa jeunesse, Rousseau résout les fêlures de son être, il se réconcilie avec lui-même, dans un sourire, il redevient ce qu'il fut : « depuis qu'ayant passé l'âge mûr je décline vers la vieillesse, je sens que ces mêmes souvenirs renaissent, [...] et se gravent dans ma mémoire avec des traits dont le charme et la force augmentent de jour en jour ; comme si, sentant déjà la vie qui s'échappe, je cherchais à la ressaisir par ses commencements. » (I, p. 52) C'est dans le souvenir du bonheur, recréé grâce à l'écriture, que Rousseau atteint pleinement l'unité qu'il recherche dans son miroir autobiographique.

■ ■
■

Rousseau crée véritablement un genre nouveau, l'autobiographie, pour un projet sans précédent. En livrant ses confessions, il cherche à se justifier auprès du lecteur. Ce faisant, il offre également à ses semblables l'étude exemplaire d'un homme, qui se dévoile avec sincérité. Mais, en filigrane, l'ouvrage, dont l'écriture rend à son auteur, par endroits, le bonheur ancien, est aussi une quête de soi. C'est à cette recherche que Rousseau s'emploie principalement dans *Les Rêveries du promeneur solitaire*, à la suite des *Confessions* : « que suis-je moi-même ? Voilà ce qui me reste à chercher », écrit-il dès la première page.

II LA COMPOSITION

La lecture du début des *Confessions* peut aisément donner au lecteur l'impression d'avoir sous les yeux un texte d'une grande liberté, sur le plan de la composition, apparemment aussi décousue que l'existence même de Rousseau enfant et adolescent. Ce n'est qu'une illusion, rien n'est plus composé que les quatre premiers livres. Il convient alors de discerner leur spécificité, avant de repérer les différentes strates de l'écriture.

1 SPÉCIFICITÉ DES QUATRE PREMIERS LIVRES

A ▶ LE PREMIER LIVRE

Le premier livre se distingue des trois suivants à plusieurs titres. Il est consacré à toute la période de l'enfance et au début de l'adolescence. Seize années sont ainsi relatées, alors que les deuxième, troisième et quatrième livres correspondent chacun à une séquence temporelle beaucoup plus réduite. En outre, selon Philippe Lejeune, le premier livre repose sur une adaptation du mythe antique des quatre âges de l'humanité, tel que le poète grec Hésiode l'a raconté dans la *Théogonie*. L'âge d'or de Rousseau serait la prime enfance, l'âge d'argent, le séjour à Bossey, jusqu'au moment du châtiment injuste, après la découverte du peigne brisé, épisode qui marquerait l'entrée dans l'âge d'airain. Enfin, le temps de l'apprentissage, sous la férule de Ducommun, serait l'âge de fer. Comme pour l'humanité peinte par Hésiode, chaque changement entraîne une détérioration du bonheur, et le passage progressif de l'âge d'or à l'âge de fer constitue une déchéance. Une autre interprétation, parallèle à celle de Philippe Lejeune peut être proposée, à partir de la Bible, ouvrage sacré dont Rousseau a été imprégné par son éducation calviniste. L'idée de la chute occupe encore la première place. Au début de la Bible, la Genèse offre le récit de la création et des commencements de l'humanité. Pour avoir goûté le fruit de l'arbre de la connaissance, c'est-à-dire pour avoir commis le premier péché, Adam et Ève, sont chassés du paradis. Rousseau compare explicitement son sentiment et celui de son cousin, après le châtiment injuste, à celui d'Adam, « encore dans le paradis terrestre, mais ayant cessé d'en jouir » (I, p. 51). Certes, contrairement à Adam, l'enfant a été victime et non coupable, mais il convient de remarquer que le récit de cet épisode survient juste après le premier aveu, le plaisir causé par la fessée, qui apparaît comme la découverte du désir, connaissance et conscience de soi, fruit défendu, péché originel. Les épreuves et les malheurs qui frappent Adam, l'injustice, le travail, l'exil, s'abattent aussi sur Rousseau. Marcel Raymond propose une autre lecture, qui souligne, elle aussi, la spécificité du premier livre. Le critique y voit l'apparition de plusieurs thèmes développés ensuite dans l'ensemble de l'ouvrage. Sentiment de la fatalité, sentiment de culpabilité, liée à la disparition de sa mère, conscience de sa singularité, maladie, importance de la lecture, bonheur des premières années, découverte de la sensualité, de la brutalité du monde, de l'injustice, de la vie sociale, volonté de fuir les autres, besoin d'éprouver des engouements, sentiment d'une déchéance personnelle dans la hiérarchie sociale, tels sont les thèmes qui, déjà, sont contenus dans le premier livre. L'enfance apparaît ainsi comme le moule d'où sort tout le reste de la vie de Rousseau. Ces différentes analyses, loin de s'invalider, se complètent et manifestent l'originalité du premier livre.

B ▶ LES LIVRES II À IV

Les deuxième, troisième et quatrième livres développent un même sujet, les errances de l'adolescent. Après sa fuite de Genève, Rousseau est régulièrement en mouvement, ses plus longs séjours, à Turin (II), à Annecy (III), puis à Lausanne (IV), ne durant que quelques mois. Le tracé des trois années et demie qui sont relatées est fait de lignes brisées, Rousseau paraît avancer en zigzags sous les yeux du lecteur. Tiraillé tant de l'extérieur, par la force des choses, qu'en son for intérieur, il est mené par le hasard, tantôt chance, tantôt malchance, et obéit à des sentiments aux effets souvent contraires, l'ambition et la quête du plaisir sans contrainte. Les trois livres prennent ainsi fréquemment l'aspect d'un roman picaresque. Les aventures, le plus souvent sans lendemain, se succèdent en foule. Rousseau découvre, s'étonne, observe, s'instruit, oublie, plaît, part, échoue, recommence, réussit, se détourne, il tâtonne dans l'usage du monde. Il cherche une place dans la société ou on s'emploie à lui en trouver une : il est tour à tour laquais, élève — à l'essai — au séminaire, apprenti musicien, secrétaire et interprète d'un archimandrite, soi-disant compositeur, cadet en uniforme, copiste de musique. Il est « tantôt héros et tantôt vaurien » (III, p. 132). Si l'autoportrait est la pièce maîtresse du musée autobiographique, elle est entourée d'une foisonnante galerie de portraits : hommes, femmes, vieillards et jeunes gens, aristocrates et gens du peuple, amis et ennemis, Rousseau croise toutes sortes de gens et parcourt la société en tous sens. Dans ce roman picaresque, le quatrième livre prolonge les deux précédents dans un mouvement accéléré, que nourrit le long périple, jusqu'à donner le tournis au lecteur, comme à Rousseau adolescent. Un autre lien unit les livres II à IV, il s'agit de la brièveté de la période évoquée dans chacun : le deuxième livre correspond à neuf mois, le troisième, à seize, le quatrième, à dix-sept. En outre, Mme de Warens, présentée au début du deuxième livre, assure une continuité affective, au milieu de la dispersion, au cours des trois livres.

C ▶ LA COHÉSION DES QUATRE LIVRES

Il ne faudrait pas croire que le premier livre soit résolument séparé des trois suivants. Des similitudes lient les trois premiers livres, qui comportent chacun un aveu et s'achèvent, à chaque fois, sur une rupture, qu'il s'agisse du départ de Genève (I), du renvoi de la maison de Vercellis (II) ou du retour décevant, Mme de Warens étant partie (III). De surcroît, le schéma de la chute, qui structure le premier livre, se reproduit dans les deux suivants, quand Rousseau passe de la rencontre avec Mme de Warens au triste séjour à l'Hospice des catéchumènes (II), quand, chassé par le mari, il doit quitter Mme Basile (III), quand il perd une situation florissante pour suivre Bâcle (III). Plus encore, les quatre premiers livres forment un ensemble cohérent et distinct. Le rôle assigné au lecteur, au terme du quatrième livre (p. 229-230), fait pendant au préambule (p. 33-34), les deux textes encadrant, dans une perspective autobiographique explicite, le récit. La place obtenue au cadastre, à la fin du quatrième livre, met fin à l'errance engagée à la fin du premier. La symétrie est, ici encore, fortement composée et déclarée : « C'est ainsi qu'après quatre ou cinq ans de courses, de folies et de souffrances depuis ma sortie de Genève, je commençai pour la première fois de gagner mon pain avec honneur. » (IV, p. 229) Désormais, Rousseau entre dans l'âge d'homme. L'initiation amoureuse qu'il reçoit de Mme de Warens, et qui est racontée au cinquième livre, est une frontière symbolique entre deux âges. Rousseau a d'abord traversé une période de formation de sa personnalité. La peinture de cette époque constitue l'unité des quatre premiers livres.

2 LES STRATES DU TEXTE

A ▶ LES ANALOGIES

Il est possible d'examiner la composition du texte des *Confessions* de la même manière qu'un géologue observe la coupe d'un terrain, formé de strates successives. L'un des types de strates est constitué des passages qui présentent entre eux des analogies. Ainsi l'idylle des cerises rappelle-t-elle la scène dans la chambre de Mme Basile, par l'intensité et la nature du sentiment éprouvé, par le motif du chaste baiser sur la main. Le voyage vers Fribourg, en compagnie de la Merceret, prolonge ces deux moments, en confirmant l'idée de l'ignorance de l'union charnelle. L'ambition est montrée chez Mme de Vercellis, puis auprès du comte de Gouvon. Venture de Villeneuve suscite un engouement, comme Bâcle. L'apprentissage du latin apparaît à Bossey, chez l'abbé de Gouvon, au séminaire d'Annecy. Voilà, parmi bien d'autres, quelques-unes des analogies qui s'offrent à la lecture. Loin d'être fortuites, souvent établies par un rapprochement explicite du narrateur, les analogies sont un des procédés employés au service de l'autobiographie. Dans l'ensemble, le récit est chronologique, ce qui est plus commode et plus attrayant pour le lecteur, entraîné par le cours des événements comme par les épisodes d'un roman. En outre, le parti pris chronologique respecte mieux la liberté du lecteur, conformément au rôle que l'auteur lui attribue, que ne le ferait un portrait déjà tout composé. Mais, cette forme narrative présente un écueil. Le sens risque d'échapper au lecteur, de s'émietter sans cesse. Aussi les analogies permettent-elles de tracer les traits du caractère de Rousseau, par touches complémentaires. Peu à peu, malgré la dispersion d'abord sensible, les aspects majeurs du tempérament du personnage principal surgissent, au fil des rencontres, des situations, des attitudes. Instruit par l'effet des analogies, riches en confirmations, mais aussi, parfois, en atténuations, le lecteur, après avoir pris connaissance des quatre premiers livres, a tout lieu de voir en Rousseau, âgé de vingt ans, un être hors du commun, sensible et rêveur, délicat et ardent, désireux d'obtenir une place à sa mesure et plus encore de goûter inlassablement un bonheur paisible auprès d'une femme de cœur, comme Mme de Warens.

B ▶ LES STRATES TEMPORELLES

La ligne chronologique suivie le plus souvent par le narrateur laisse parfois place à des retours en arrière — ou analepses — et à des anticipations — ou prolepses. Ainsi le récit de la période de l'apprentissage est-il interrompu par un développement sur la relation de Rousseau à l'argent, qui, lui-même, passe par un épisode plus récent, l'anecdote du billet d'opéra acheté par M. de Francueil et revendu par Rousseau (I, p. 72). L'évocation du discours prononcé devant le sénat de Berne amène le récit d'un autre discours, tenu avec maladresse à Yverdun, un tiers de siècle plus tard (IV, p. 207-208). Les retours en arrière et les anticipations ont le même rôle que les analogies, même si les analogies sont situées à leur place sur la ligne chronologique. Ils donnent à Rousseau l'occasion d'illustrer, de compléter l'aspect de sa personnalité qu'il aborde au cours de son récit chronologique. L'anecdote du billet d'opéra montre que Rousseau agit parfois avec inconséquence, mais qu'il n'est pas malhonnête. Les propos confus d'Yverdun soulignent le caractère exceptionnel de l'éloquence bernoise. Il arrive que, s'élevant au-dessus du moment raconté, Rousseau embrasse d'un vaste coup d'œil une longue période de sa vie, afin de tracer nettement une perspective autobiographique. Ainsi, le pont-levis de Genève qui se dresse sous les yeux de l'apprenti est qualifié de « sinistre et fatal augure du sort inévitable que ce moment commençait pour [lui] » (I, p. 76). De tels regards, portés par Rousseau et présentés au lecteur, compensent l'effet de myopie qu'on peut éprouver devant les événements considérés l'un après l'autre. Ils imposent l'image d'une vie menée par la fatalité, dans laquelle les bonheurs de la jeunesse se sont trop vite évanouis. En outre, les considérations rétrospectives mettent en lumière un aspect fondamental des *Confessions*. Deux époques se superposent : celle qui fait l'objet du récit — l'enfance et l'adolescence dans les quatre premiers livres — est vue à partir de l'époque où Rousseau, vieillissant, écrit, soit de trente-cinq à plus de cinquante ans après. Aux sentiments du moment se surajoutent donc aisément ceux du temps de la rédaction, quand il ne les remplace pas entièrement, même si Rousseau est sûr de restituer, intactes, les impressions anciennes. Enfin, il importe de savoir que le temps du récit n'est pas du tout proportionné au temps de l'histoire. De longs mois peuvent être brossés en quelques pages, voire quelques lignes, alors qu'une place abondante peut être accordée à quelques minutes essentielles. D'une manière générale, Rousseau privilégie les moments heureux, en les développant longuement.

C ▶ LES INTERVENTIONS DE L'AUTEUR

Le récit constitue la majeure partie du texte. Mais, les interventions de l'auteur l'accompagnent constamment, précédant tel épisode, concluant tel autre ou s'immisçant à l'intérieur même du récit. Les interventions sont de deux types, qui s'entremêlent à l'occasion. Les unes consistent dans les appels, directs ou indirects, au lecteur qui jalonnent le texte et culminent à la fin du quatrième livre. L'auteur invite régulièrement celui qui, en le lisant, doit le juger, à prendre une part active à l'entreprise autobiographique. Mais aussi, il anticipe sur ses étonnements et instaure un dialogue — autant qu'il est possible dans un ouvrage qui provient d'une seule voix — pour l'aider à mieux comprendre quel homme il est. Les commentaires constituent le deuxième type d'interventions, qui peuvent aller de quelques mots à un long développement. L'auteur part d'un point du récit qui présente une valeur exemplaire et propose une analyse d'un aspect majeur de sa vie ou de son caractère. Ainsi, à propos de l'idée de M. d'Aubonne, qui pense à faire de l'adolescent un « curé de village », compte tenu de ses insuffisances intellectuelles (III, p. 157-158), Rousseau explique longuement sa dualité, qui mêle « un tempérament très ardent » à « des idées lentes à naître » (III, p. 158-162), avant de reprendre le fil de son récit avec M. Gros et le départ pour le séminaire. Comme les analogies, les retours en arrière et les anticipations, les commentaires aident le lecteur à connaître Rousseau. Cependant, plus encore que les autres procédés, les commentaires orientent le jugement du lecteur. Ce que, d'un côté, il gagne en clarté, est, d'un autre côté, retiré à sa liberté d'appréciation, contrairement au projet autobiographique.

En lisant le texte, il faut avoir présent à l'esprit le fait que les différentes strates n'apparaissent pas à chaque fois distinctes les unes des autres, mais que, souvent, elles s'entremêlent. Les analogies, les analepses, les prolepses, la superposition des époques et les interventions de l'auteur se présentent ainsi dans de multiples combinaisons.

■ ■
■

Le premier livre manifeste, à plusieurs titres, une forte singularité. Les trois suivants sont nettement liés entre eux. Toutefois, les quatre livres du début forment aussi, bel et bien, un ensemble cohérent. À l'intérieur de chaque livre, se superposent et s'entremêlent différentes strates d'écriture, au service du projet autobiographique. Par la suite, dans son autre ouvrage autobiographique majeur, Les *Rêveries du promeneur solitaire*, Rousseau adopte un autre principe de composition, afin de mieux se connaître, sous un autre angle de vue. Chaque promenade est le point de départ d'une introspection.

III LES FEMMES

Les Confessions sont l'ouvrage d'un homme, mais les quatre premiers livres font la part belle aux femmes. Il est donc important de comprendre quel rôle elles tiennent dans cette partie de l'autobiographie. Leur prépondérance apparaît d'abord. Cela permet de situer l'un et l'autre sexe par rapport à Rousseau. Enfin, Mme de Warens s'élève au-dessus de toutes les autres figures féminines.

1 PRÉPONDÉRANCE DES FEMMES

A ▶ DE LA MÈRE À MAMAN

Les femmes sont omniprésentes dans les quatre premiers livres des *Confessions*. Elles forment une chaîne sentimentale majeure dans l'élaboration de la personnalité de Rousseau. La première femme qu'il évoque est sa mère. Il donne d'elle une image sublime, idéalisée par la douleur de l'avoir perdue à sa naissance. Vient ensuite, dans la galerie des portraits féminins, la tante Suson, qui, par sa présence, par son rôle éducatif et affectif, tient lieu de mère. Puis apparaît Mlle Lambercier, dont la figure, elle aussi maternelle, se double d'une image érotique, car c'est avec elle que l'enfant découvre le désir, en recevant une fessée. Après Bossey, Rousseau ne tarde pas à peupler son cœur de deux présences féminines, avec Mlle de Vulson et Mlle Goton. À peine l'adolescent a-t-il fui Genève qu'il fait la rencontre la plus forte de sa vie. Il voit Mme de Warens, comme une apparition divine. Seul, à Turin, rendu à la liberté, il cherche quelque roman et goûte une scène ravissante auprès de Mme Basile. Engagé au service du comte de Gouvon, il s'émeut en voyant Mlle de Breil et laisse un temps courir sa chimère. Puis, il retrouve, longuement, délicieusement, Mme de Warens. Il doit la quitter pour accompagner Le Maître. Sans oublier sa protectrice, absente à son retour, il se laisse charmer par Mlle Galley et Mlle de Graffenried, le temps d'une idylle, à Thônes. Enfin, il rencontre de nouveau Mme de Warens, à Chambéry, et se fixe auprès d'elle. Pour lui, elle est Maman. De sa mère à Maman, Rousseau accomplit un périple affectif, en quête d'un bonheur qui paraît ne pouvoir exister que grâce aux femmes, exception faite des plaisirs de la musique et des voyages à pied. Hors de la présence des femmes ou de leur souvenir, Rousseau se sent bientôt en proie à toutes sortes de déceptions, voire de malheurs, chez Ducommun, à l'Hospice turinois, à Paris ou ailleurs.

B ▶ LA FORCE DU SEXE FAIBLE

Loin de vouloir dominer les femmes, Rousseau aime à leur obéir ou à se laisser guider par elles. Rousseau est, à cet égard, le contraire exact de Don Juan. Le bonheur qu'il éprouve à découvrir chez beaucoup de femmes une mère de substitution, autorité pleine de douceur, en est un premier signe. Sous sa forme la plus délicate, la soumission consiste à se laisser appeler par deux cavalières, Mlle Galley et Mlle de Graffenried, et à monter en croupe, captif de son plein gré. Sous sa forme la plus brusque, la soumission est faite de fessées, données par Mlle Goton, qui joue la « maîtresse d'école » (I, p. 59). Quand il contemple Mme Basile, Rousseau se « jet[te] à genoux à l'entrée de la chambre », dans une exquise vénération de l'être supérieur. Lorsque la jeune femme lui indique d'un doigt impérieux de venir se placer « à ses pieds », l'exaltation redouble (II, p. 114). Sous le même toit que Mme de Warens, sur le plancher de sa chambre, l'adolescent se « prosternai[t] en songeant qu'elle y avait marché ! » (III, p. 152) Dans l'un et l'autre cas, la soumission atteint son paroxysme en revêtant l'aspect d'un élan mystique. Rousseau aime s'abandonner à la force des femmes, se livrer à leur toute-puissance. Faut-il voir seulement un aspect anecdotique dans sa prédilection pour les « demoiselles » (IV, p. 182) ? Il en attribue la cause à leur délicatesse et non à la supériorité sociale de leur rang. Mais aussi, avec ces personnes d'une condition éminente, la soumission parvient à un degré plus raffiné, partant, plus intense.

2 L'UN ET L'AUTRE SEXE

A ▶ LE DANGER MASCULIN

L'attitude de Rousseau avec les femmes n'est pas un aspect de son tempérament parmi d'autres. Elle est essentielle dans l'autobiographie, dans la mesure où elle révèle sa personnalité, à la période déterminante de la jeunesse. Rousseau se situe entre les deux sexes. L'autoportrait physique pourrait, singulièrement, correspondre à la peinture d'une femme : « j'avais un joli pied, la jambe fine, l'air dégagé, la physionomie animée, la bouche mignonne, les sourcils et les cheveux noirs, les yeux petits et même enfoncés » (II, p. 82-83). Rousseau adolescent a quelque chose de féminin dans la délicatesse de ses traits. Il reçoit des influences des deux sexes, mais il ne les reçoit pas de pareille façon. Si ses relations avec bien des hommes sont bonnes, ainsi avec l'abbé de Gouvon ou l'abbé Gâtier, entre autres, elles sont aussi, régulièrement, menacées par un danger, qui n'existe pas du côté féminin. C'est à un homme, son maître Ducommun, que Rousseau attribue la dépravation qui l'a frustré de la vie simple et heureuse pour laquelle il se sentait fait. Certes, auparavant, c'est Mlle Lambercier qui lui avait ouvert la voie de la culpabilité, en lui procurant le plaisir d'une fessée, néanmoins, elle croyait agir dans un but éducatif, alors que Ducommun ne se soucie pas de l'intérêt de son apprenti. À Turin, Rousseau découvre avec horreur l'existence de l'homosexualité : les traits concupiscents du faux catéchumène entreprenant lui répugnent. À Lyon, il lui est arrivé deux fois de devoir échapper au désir d'homosexuels (IV). Ces épreuves l'ont marqué. L'homosexualité, amour du même au même, peut être considérée, selon la logique de Rousseau, comme une forme d'aliénation dans laquelle il risque de perdre son identité propre, masculine, qui est, au contraire, affirmée en présence d'une femme. Plus largement, sur un plan qui dépasse la seule sexualité, l'aliénation est le danger que représentent certains hommes aux yeux de Rousseau, quand il examine sa jeunesse. Il s'est engoué de Bâcle au point de quitter sa naissante fortune. Encore l'aventure s'arrête-t-elle un jour, sans plus de conséquence. Avec Venture de Villeneuve, l'aliénation atteint son plus haut degré. Rousseau, qui s'est « venturisé », se fait passer, à Lausanne, pour compositeur, et contrefait son nom sur celui de son modèle. En devenant Vaussore de Villeneuve, Rousseau renonce à l'affirmation sociale de son identité, par son nom (IV, p. 198-199).

B ▶ LE BONHEUR GRÂCE AUX FEMMES

C'est aux femmes que Rousseau doit ses moments les plus heureux. Le bonheur obtenu par elles est paradoxal à double titre, puisqu'il s'accompagne constamment d'une soumission envers l'autre sexe, et qu'il n'aboutit jamais à l'accomplissement physique de l'amour. Mais précisément, tel est, pour Rousseau, le double gage de la plénitude de son être. Grâce aux femmes, l'enfant et, plus encore, l'adolescent parcourt toute la gamme sensible, de la sensualité la plus vigoureuse, avec les fessées de Mlle Lambercier et de Mlle Goton, au sentiment le plus platonique, avec Mlle de Breil. Dans une relation presque aussi platonique, avec Mme Basile, avec Mlle Galley et Mlle de Graffenried, Rousseau se contente d'un chaste baiser. Les deux pôles de la sensibilité, loin de se contrarier, se corroborent mutuellement. Ainsi l'enfant aime-t-il en même temps Mlle de Vulson et Mlle Goton. Ce que Rousseau aime par-dessus tout, c'est sentir intensément son être, corps et cœur unis dans un même frémissement. La relation particulière qu'il entretient avec les femmes lui en offre la possibilité, jusqu'à l'extase. Sa sensibilité se dilate en se dirigeant vers une femme, c'est-à-dire vers l'extérieur. Cependant, le profit affectif est tout intérieur. En effet, Rousseau ne cherche pas à s'abandonner à l'autre, au risque de sentir un changement de soi, c'est-à-dire de se perdre quelque peu. L'amour occasionne cette aventure. Au contraire, Rousseau veut sentir son être, intact, porté au plus haut degré, son désir consiste à éprouver la plénitude de soi. La prépondérance de son imagination dans son tempérament lui fait rechercher auprès des femmes une matière sensible qui puisse, par la suite, nourrir son imagination à sa guise. Il dispose en toute liberté des images de femmes dont il s'est empli et les fait agir, dans ses rêves, exactement comme il le désire : « je n'ai pas laissé de jouir beaucoup à ma manière, c'est-à-dire par l'imagination. » (I, p. 47) La jouissance physique serait un échec, car, une fois la volupté satisfaite, le désir, après avoir atteint son but, serait anéanti, alors que l'imagination ressasse sans fin le désir dans une contention délicieuse et indestructible, puisqu'elle n'aboutit à aucun accomplissement. Ce n'est donc pas l'éphémère jouissance charnelle avec l'autre qui convient à Rousseau, mais l'inaltérable jouissance de soi, sous prétexte de l'autre. Loin de s'aliéner, Rousseau revient plus fortement à lui-même, allant de soi à soi, en passant par le détour que constitue l'autre sexe. Au reste, il s'enflamme à la vue de bien des femmes, mais se déprend aussi facilement qu'il s'est épris d'elles. Aucune de ces fugaces effervescences ne l'attache véritablement à une femme. Par définition, la passion est subie. Rousseau ne connaît pas la passion, car il se soumet le temps de nourrir son imagination, pas davantage, et n'est jamais dépossédé de lui-même. Rousseau cherche à être dominé, pendant qu'il est auprès d'une femme. Dans cette position, il échappe à toute responsabilité, exercée alors par la femme. Or, pour lui, la responsabilité est liée au sentiment obsessionnel de la culpabilité. Ainsi, en se laissant dominer, il retrouve l'état de grâce de l'innocence. Il n'est pas indifférent de remarquer que Rousseau aime à être traité en enfant par les femmes, en qui se confondent alors l'image de la mère et celle l'amante. Auprès des femmes, Rousseau trouve tout à la fois l'innocence de l'enfant et la plénitude de l'homme, mû par son désir. L'innocence absout le désir et lui permet d'exalter la sensibilité de Rousseau.

3 MME DE WARENS

A ▶ LA FEMME IDÉALE

Mme de Warens domine toutes les figures féminines des quatre premiers livres. En elle se réunissent, aux yeux de Rousseau, tous les aspects de la féminité. Elle est la femme idéale. Tout d'abord, elle incarne la mère qu'il n'a pas connue, mais dont son père lui a parlé sans cesse, belle, douce, délicate et aimante. Les rôles sont parfaitement tenus : « *Petit* fut mon nom ; *Maman* fut le sien » (III, p. 150). Maman protège l'adolescent, s'inquiète, dès le premier jour, de le voir partir à l'aventure, se soucie de lui procurer une condition, en faisant de lui un prêtre, un musicien ou un secrétaire du cadastre. C'est aussi par amour maternel, et non poussé par un désir sensuel, ainsi que le rapporte Rousseau, que Mme de Warens initie le jeune homme à la réalité charnelle de l'amour (V). Mais, elle sait aussi se montrer sous un aspect plus juvénile, taquinant Rousseau, en prolongeant la présence d'un importun visiteur, ou s'amusant à lui faire goûter ses « plus détestables drogues » (III, p. 154-155). L'espiègle fait alors figure de sœur autant que de bien-aimée dans ces amusements complices. Enfin, Mme de Warens est l'objet d'un sentiment amoureux sans égal, qui va jusqu'au fétichisme. Amour platonique et aspiration sensuelle coexistent dans ce sentiment. En effet, Rousseau s'attache chastement à la personne de Mme de Warens, éprouvant auprès d'elle une félicité céleste. Mais, quoiqu'il prétende qu'il « voyai[t] toujours en elle une tendre mère, une sœur chérie, une délicieuse amie, et rien de plus » (III, p. 153), il ressent aussi un certain désir, qui se manifeste par une effervescence sensuelle. Ses « regards indiscrets n'allaient jamais furetant sous son mouchoir », pourtant, il a vu qu'« un embonpoint mal caché dans cette place eût bien pu les y attirer. » (III, p. 151) Il parle avec pudeur de la « première éruption, très involontaire » de son « tempérament inquiet », après avoir peint son émoi, dans une chambre occupée naguère par Mme de Warens — « Combien de fois j'ai baisé mon lit en songeant qu'elle y avait couché » (III, p. 152-153). Du reste, le désir ne dénature en rien le sentiment hors du commun que Mme de Warens inspire à Rousseau.

B ▶ L'ACCORD PARFAIT

« De la première entrevue, du premier mot, du premier regard, Mme de Warens m'inspira non seulement le plus vif attachement, mais une confiance parfaite et qui ne s'est jamais démentie. » (II, p. 87) Tout ce qui cause d'ordinaire un désaccord, différence de tempéraments, d'intérêts, et, particulièrement, s'agissant de Rousseau, mésentente due aux paroles, tout cela est absent. Au contraire, la similitude ou la complémentarité des caractères, selon le cas, est le socle d'une harmonie spontanée, qui unit Rousseau et Mme de Warens. Bien plus, il communie avec elle. Cette relation, d'une nature qui frôle l'indicible — Rousseau tente de la décrire, sans être certain d'y parvenir —, lie des âmes sœurs, dans un sentiment qui participe de l'ordre divin plutôt que de l'humain. Sur un point particulier, l'amour pour Mme de Warens apparaît différent des sentiments inspirés par le reste des femmes. De toutes les autres, il peut se détacher aisément. D'elle seule, il ne peut vivre séparé : « mon inquiétude en son absence allait au point d'être douloureuse. » (III, p. 151) Ce n'est pas qu'il soit subjugué, c'est-à-dire aliéné par une passion constante : « Le coup d'œil de notre première entrevue fut le seul moment vraiment passionné qu'elle m'ait jamais fait sentir » (III, p. 150). À la différence de ce qui se passe avec les autres femmes, qui offrent la possibilité d'une plénitude intérieure de l'être, d'autant plus forte après coup que les souvenirs sont remaniés à l'envi par l'imagination, avec Mme de Warens, la frontière entre soi et l'autre est abolie. La transparence des cœurs, dans leur communion, permet un libre va-et-vient entre l'intérieur et l'extérieur. Le sentiment intérieur s'exalte exceptionnellement à l'extérieur sans se perdre. Aussi est-il concevable que Mme de Warens soit, pour Rousseau, l'image même du bonheur. Pendant ses années vagabondes, elle est le centre magnétique qui attire l'errant, le centre vers lequel il revient immanquablement. Pour Rousseau, l'âge d'or a été perdu à la naissance, quand meurt sa mère, il est de nouveau accessible en présence de Mme de Warens : « J'aurais ainsi passé ma vie et l'éternité même sans m'ennuyer un instant. » (III, p. 151)

Les femmes occupent une place majeure dans les quatre premiers livres des *Confessions*. Qui plus est, Rousseau, enfant et adolescent, les met en position de supériorité. Les hommes représentent souvent un danger, tandis que les femmes sont source d'un intense bonheur. Mme de Warens, qui est, pour Rousseau, la femme idéale, lui permet de connaître un accord parfait. Rousseau s'est également intéressé aux femmes sur le plan éducatif. Il leur assigne un rôle précis dans la société bien moins flatteur : elles doivent principalement apprendre à devenir des épouses et des mères : « toute l'éducation des femmes doit être relative aux hommes. » (*Émile*, livre V)

IV FAUTES ET AVEUX

Le terme « confession » désigne tout à la fois l'« action de se confier » et la « déclaration que l'on fait (d'un acte blâmable) », en particulier la « déclaration, [l']aveu de ses péchés que l'on fait à un prêtre, dans le sacrement de la pénitence[1] », dans la religion catholique. Le titre de l'ouvrage de Rousseau, *Les Confessions*, correspond à ces différentes acceptions, puisque l'auteur se confie au lecteur, mais aussi lui révèle ses actions blâmables, sous l'autorité du « souverain juge » (I, p. 33). Quelles sont ses fautes ? Comment fait-il ses aveux ? Ces questions en amènent d'autres, celle de la culpabilité, d'abord, celle, ensuite, de la responsabilité. En dernière analyse, il importe d'examiner le rôle des aveux.

1 CULPABILITÉ

A ▶ LES REGARDS ET LES FAUTES

Jean Starobinski a lumineusement étudié un des traits les plus profonds de la personnalité de Rousseau : il se sent en permanence placé sous le

1. *Dictionnaire alphabétique et analogique de la langue française*, Paris, Le Robert, 1983.

regard d'autrui, prompt à devenir accusateur[1]. Ce poids pèse sur lui jusque dans les circonstances qui seraient les plus anodines pour tout autre. Ainsi l'apprenti se prive-t-il de friandises, par crainte d'être observé : « J'approche de la boutique d'un pâtissier, j'aperçois des femmes au comptoir ; je crois déjà les voir rire et se moquer entre elles du petit gourmand. Je passe devant une fruitière, je lorgne du coin de l'œil de belles poires, leur parfum me tente ; deux ou trois jeunes gens tout près de là me regardent ; un homme qui me connaît est devant sa boutique ; je vois de loin venir une fille ; n'est-ce point la servante de la maison ? [...] Je prends tous ceux qui passent pour des gens de connaissance ; partout je suis intimidé, retenu par quelque obstacle ; mon désir croît avec ma honte [...] » (I, p. 70) Le regard universel est aux aguets, particulièrement quand Rousseau accomplit une action qui peut passer pour une faute : l'aqueduc clandestin de Bossey est découvert (I, p. 55), la nature des tête-à-tête avec Mlle Goton n'échappe pas à de railleuses petites filles (I, p. 59), le voleur de pomme est pris en flagrant délit (I, p. 67). Le regard d'autrui est lourd d'une réprobation toujours menaçante. Quand il vient à manquer, c'est alors le regard intérieur qui prend le relais. En effet, à force de se sentir épié et condamnable, Rousseau en vient à se regarder lui-même en train d'agir, et, aisément, de mal agir. « Bientôt la face de colère, dont il se sent la victime préférée, devient part intégrante de la conscience de soi. Le regard réprobateur s'intériorise [...] Au terme de ce mouvement d'*introjection*, le suspect s'est transformé en coupable et porte en lui son accusateur. » (*L'Œil vivant*, p. 101-102) Ce regard intérieur est encore plus terrible que le regard extérieur, car Rousseau ne peut le fuir. Aussi cela provoque-t-il une lésion fondamentale de son être, tout à la fois objet d'une observation encline à la défiance et observateur. Rousseau, scrutateur de soi-même, rétrospectivement, insiste sur sa bizarrerie, avec les termes « bizarre », « bizarrerie », « bizarrement », et parle même de « folie ». Non seulement il se sent différent de tous les autres hommes — il le proclame dès le préambule —, mais encore il se juge étranger à lui-même, puisqu'il se sait capable d'agir de deux manières opposées à deux moments différents. « Je est un autre », disait Rimbaud. La formule conviendrait à Rousseau.

B ▶ L'INÉVITABLE SENTIMENT DE CULPABILITÉ

Accablé par un double regard, extérieur et intérieur, Rousseau se sent immanquablement coupable. Encore faut-il préciser que ce sentiment de

1. *L'Œil vivant*, Paris, Gallimard, 1961, p. 93-188.

culpabilité ne se rapporte pas à la justice des hommes, du moins à la justice civile, mais à celle des hommes vis-à-vis de Dieu. Le sentiment de culpabilité est d'ordre religieux. Cela résulte manifestement de la rencontre du tempérament particulier de Rousseau, des circonstances de ses premières années et de l'éducation reçue. Rousseau est élevé dans le calvinisme, dont le rigorisme impose de considérables exigences morales. Il passe la plus grande partie de ses seize premières années à Genève, la capitale du calvinisme. « Respirer l'air de Genève, c'est respirer la conviction de la chute originelle, c'est sentir peser sur soi le risque de la colère. » (*L'Œil vivant*, p. 100) Rousseau s'éloigne-t-il un temps de Genève, il est placé chez un pasteur, M. Lambercier. Rousseau ne peut échapper au sentiment de culpabilité, et trouver une occasion de l'éprouver est peut-être, paradoxalement, un soulagement relatif, la menace virtuelle, effrayante épée de Damoclès, faisant alors place à une réalité, certes désolante, mais identifiable. Il convient de remarquer que le premier aveu ne concerne pas une faute, au sens juridique du terme, mais un péché, ou, du moins, les prémices d'un péché, en l'occurrence, celui de la chair. En effet, si Rousseau est coupable envers Marion et Le Maître de torts passibles d'une condamnation juridique, en causant un préjudice moral à la servante, qui perd sa place, en n'assistant pas une personne en danger, le musicien, en revanche, il ne nuit à personne en trouvant du plaisir à être fessé. Pourtant, la révélation de ce goût occupe une place majeure dans l'ouvrage, puisqu'elle précède les deux autres et qu'elle donne lieu à un long développement. Rousseau y voit le plus redoutable des aveux qu'il ait à faire : « J'ai fait le premier pas et le plus pénible dans le labyrinthe obscur et fangeux de mes confessions. Ce n'est pas ce qui est criminel qui coûte le plus à dire, c'est ce qui est ridicule et honteux. » (I, p. 48) Foncièrement située dans un climat calviniste, cette faute, qui n'est, au plus, qu'une déviance, selon la psychanalyse, est liée à la sexualité, cible privilégiée de la vindicte ecclésiale depuis le IIIe siècle. La chute, hors du paradis de Bossey, ne manque pas d'arriver, quelque temps après. Au reste, la culpabilité est à la source même de l'existence pour Rousseau : « je coûtai la vie à ma mère » (I, p. 35). Il s'agit d'un péché originel, comparable en tout point à celui qui a grevé l'humanité depuis Adam et Ève. Comme l'humanité, Rousseau naît coupable. Comme elle, il est entretenu dans ce sentiment, puisque son père ne cesse de lui parler douloureusement de sa mère (I, p. 35-36). Comme pour l'humanité — avant la Rédemption offerte par le Christ —, le péché originel de Rousseau est d'autant plus accablant qu'il préexiste à toute volonté. Enfin, si le titre de l'ouvrage, *Les Confessions*, est une référence à saint Augustin, il repose également sur l'idée du péché et non du tort juridique.

2 RESPONSABILITÉ

A ▶ UNE BONTÉ CORROMPUE

Rousseau se reconnaissant coupable, le lecteur s'attendrait *a priori* à le voir admettre sa responsabilité. Qui avoue le plus doit logiquement avouer le moins. Tel n'est pas le cas. Rousseau se présente comme le meilleur des hommes, toujours prêt à faire le bien. Sa première éducation confirme cette heureuse disposition native : « Comment serais-je devenu méchant, quand je n'avais sous les yeux que des exemples de douceur, et autour de moi que les meilleures gens du monde ? » (I, p. 39) S'il a commencé à commettre le mal, il n'y a été pour rien. L'injuste punition, après que le peigne fut brisé, a ouvert la voie au vice : « nous étions moins honteux de mal faire et plus craintifs d'être accusés : nous commencions à nous cacher, à nous mutiner, à mentir. » (I, p. 51) Quand Rousseau se met à voler, c'est à cause de Verrat, pour lui faire plaisir, en lui procurant les asperges dérobées, qu'il peut vendre, sans que Rousseau en tire le moindre profit ou le moindre déjeuner. S'il vole Ducommun, c'est parce que son maître le soumet à d'injustes privations. De surcroît, les châtiments autorisent, c'est-à-dire absolvent par avance, les rapines : « Bientôt, à force d'essuyer de mauvais traitements, j'y devins moins sensible ; ils me parurent enfin une sorte de compensation du vol, qui me mettait en droit de le continuer. » (I, p. 67) Quand le catéchumène commet la faute d'apostasier, il le doit à une erreur de jugement, car il se croit obligé d'achever ce qu'il a commencé, au lieu de revenir au point de départ, il le doit aussi à des prêtres à qui le narrateur donne le mauvais rôle, en les montrant malhonnêtes et retors. Du reste, Rousseau dit leur avoir opposé une belle résistance. Ainsi Rousseau a-t-il été corrompu, par maladresse ou par méchanceté, alors que tout le portait au bien.

B ▶ CIRCONSTANCES ATTÉNUANTES

Dans un tel concert de bonté, hélas viciée par d'autres hommes, les trois aveux ne sont-ils pas autant de fausses notes ? Il n'en est rien. Dans le procès qu'il instruit, Rousseau déploie des circonstances atténuantes. Il n'a pas recherché le plaisir d'être fessé. Bien mieux, il n'a pas tenté de l'obtenir de nouveau : « Cette récidive, que j'éloignais sans la craindre, arriva sans qu'il y eût de ma faute, c'est-à-dire de ma volonté, et j'en profitai, je puis dire, en sûreté de conscience. » (I, p. 45) Dans l'affaire du ruban volé, Rousseau estime qu'il n'aurait pas accusé injustement la servante pour peu qu'il eût été interrogé autrement qu'en public. « Si M. de la Roque m'eût pris à part, qu'il m'eût dit : "Ne perdez pas cette pauvre fille ; si vous êtes coupable, avouez-le moi", je me serais jeté à ses pieds dans l'instant, j'en suis parfaitement sûr. Mais on ne fit que m'intimider quand il fallait me donner du courage. » (II, p. 127) La faute n'incombe donc pas moins à l'enquêteur maladroit qu'à l'accusateur injuste. Autre circonstance atténuante, la jeunesse a empêché Rousseau de mesurer à l'époque la portée de sa calomnie : « L'âge est encore une attention qu'il est juste de faire ; à peine étais-je sorti de l'enfance, ou plutôt j'y étais encore. » (II, p. 127) Qui plus est, le vol qui a causé l'infortune de Marion avait été accompli par amour pour la jeune fille, qui aurait dû recevoir le ruban. Singulièrement, Rousseau n'a pas songé, une fois la comparution publique terminée, à venir trouver M. de la Roque pour lui dire la vérité. En abandonnant Le Maître, le jeune homme est-il plus responsable ? Il agit sous le coup de la peur : « Le Maître fut surpris d'une de ses atteintes, et celle-là fut si violente que j'en fus saisi d'effroi. » (III, p. 177) La rapidité du récit, contenu en un seul paragraphe, rend compte de la précipitation de Rousseau. Du reste, s'il fuit, il prend la peine de laisser le musicien entre de bonnes mains : « Je fis des cris, appelai au secours, nommai son auberge et suppliai qu'on l'y fît porter [...] ». Ainsi Rousseau s'accorde-t-il à chaque fois des circonstances atténuantes. Il se reconnaît coupable, mais ne se juge pas responsable.

3 LE RÔLE DES AVEUX

A ▶ DES CONFESSIONS VÉRIDIQUES

L'examen des circonstances atténuantes que Rousseau se donne pourrait faire douter de la sincérité de ses confessions et amener à y voir un prétexte habile qui lui permettrait de se présenter comme victime, alors qu'il était accusé. Ce serait manifester une suspicion injuste et erronée. En effet, en dévoilant qu'il a calomnié et fait renvoyer une servante, qu'il a abandonné un ami malade, Rousseau prend le risque de provoquer l'hostilité du lecteur, alors qu'il aurait pu passer sous silence ces deux actions. De surcroît, il fait de ces tristes épisodes des moments cardinaux de son autobiographie. Le récit de l'accusation portée contre Marion est situé à la fin d'un livre, c'est-à-dire à un endroit éminent, et il fait l'objet d'un long développement. L'épisode de l'abandon de Le Maître est également placé à la fin d'un livre, précisément au terme du livre suivant. Ainsi deux livres successifs s'achèvent-ils sur des faits honteux, ce qui n'est assurément pas fait pour estomper les torts de Rousseau. Si le récit de la fuite loin de l'ami malade est rapide, pour autant, le remords n'est pas léger. Rousseau revient sur son attitude fautive au début du livre suivant. Au reste, il reconnaît que Le Maître « fut délaissé du seul ami sur lequel il eût dû compter. » (III, p. 177) À propos de l'accusation qui a nui à Marion, il parle de « crime », avant même d'avoir raconté les faits (II, p. 124), et emploie ce terme à plusieurs reprises par la suite. Il y a donc tout lieu de penser que les confessions sont sincères et véridiques, comme l'ensemble de l'autobiographie. Encore faut-il se rappeler que la véridicité ne correspond pas exactement, chez Rousseau, à la vérité au sens où on entend ordinairement ce mot, c'est-à-dire au sens du seul récit des faits exacts. Rousseau transforme parfois les faits, par défaut de mémoire. Il le reconnaît volontiers et ne le regrette pas : ce qui compte selon lui, c'est, avant tout, l'expression de la vérité des sentiments. Aussi ne s'arrête-t-il pas à la narration factuelle lorsqu'il fait des aveux, car ce n'est que la partie extérieure des fautes et de leurs circonstances. Il veut également faire voir la partie intérieure que constituent ses sentiments, à l'époque comme au moment de la rédaction. Dans le procès hors du commun qui se déroule sous les yeux du lecteur, Rousseau tient tous les rôles juridiques. Il est témoin à charge, quand il fait connaître ses torts, mais aussi avocat de la défense, quand il présente les circonstances atténuantes. Les deux rôles se complètent, dès lors, il n'est pas étonnant de voir l'un succéder immédiatement à l'autre : « l'on ne trouvera sûrement pas que j'aie ici pallié la noirceur de mon forfait. Mais je ne remplirais pas le but de ce livre, si je n'exposais en même temps mes dispositions intérieures, et que je craignisse de m'excuser en ce qui est conforme à la vérité. Jamais la méchanceté ne fut plus loin de moi que dans ce cruel moment, et lorsque je chargeai cette malheureuse fille, il est bizarre, mais il est vrai que mon amitié pour elle en fut la cause. » (II, p. 127)

B ▶ DES CONFESSIONS LIBÉRATRICES

Outre ceux qu'il s'impose de tenir, il est un rôle judiciaire que Rousseau s'accorde, sans s'en rendre compte, semble-t-il, et contre l'intention qu'il a de laisser le lecteur libre de le juger. Précisément, il ne peut s'empêcher de se faire juge de lui-même, et, tout bien pesé, tout bien pensé, de s'acquitter, ou du moins de ne pas se condamner plus qu'un autre. À cet égard, le préambule, probablement rédigé en août 1768, après les premiers livres, est fort révélateur. Au fil de l'écriture, Rousseau se découvre plus innocent qu'il ne paraît. Ceux qui sont prêts à le condamner n'ont donc pas à lui jeter la première pierre. Ils ne sont pas « *meilleur[s] que cet homme-là* » (I, p. 34). Les confessions apportent donc un soulagement à celui qui les fait, à une période particulièrement tourmentée de sa vie. Non seulement Rousseau voit les qualités qui sont les siennes, à commencer par sa bonté, mais aussi, en avouant ses torts, il s'en libère, faisant véritablement sortir de lui, faisant passer à l'extérieur ce qui, depuis des décennies, l'accable en son for intérieur. Tel est explicitement le commentaire qui accompagne le deuxième aveu : « Ce poids est donc resté jusqu'à ce jour sans allégement sur ma conscience, et je puis dire que le désir de m'en délivrer en quelque sorte a beaucoup contribué à la résolution que j'ai prise d'écrire mes confessions. » (II, p. 126) De même, après avoir fait le premier aveu, Rousseau se trouve plus libre : « J'ai fait le premier pas et le plus pénible dans le labyrinthe obscur et fangeux de mes confessions. [...] Dès à présent je suis sûr de moi : après ce que je viens d'oser dire, rien ne peut plus m'arrêter. » (I, p. 48) À la suite du troisième aveu, Rousseau dit la peine que cela lui a coûté : « S'il m'en restait beaucoup de pareils à faire, j'abandonnerais le travail que j'ai commencé. » (III, p. 177) Mais, précisément, le poids est extrait de la conscience, pour la plus grande satisfaction de Rousseau : « Grâce au Ciel, j'ai fini ce troisième aveu pénible. » (III, p. 177) Les confessions ont donc, exactement comme dans la pratique religieuse, la vertu d'apaiser le pénitent.

L'analyse des fautes et des aveux fait apparaître l'inévitable sentiment de culpabilité de Rousseau, tourmenté par des regards extérieurs et par son propre regard. Pourtant, il ne se sent pas responsable, puisque sa bonté naturelle a été corrompue et que ses fautes sont entourées de circonstances atténuantes. Enfin, les confessions, indubitablement véridiques, ont une fonction libératrice pour leur auteur. Un autre fait peut être imputé à blâme à Rousseau. Il s'agit précisément de l'abandon de ses enfants, révélé au public par Voltaire, dans *Le Sentiment des citoyens*. Mais Rousseau juge qu'il a bien agi, puisqu'il n'avait pas les moyens de les élever. Ainsi leur a-t-il évité, en les confiant à l'institution charitable des Enfants-Trouvés, de connaître la misère. Les fautes avouées ne sont décidément pas celles que les contemporains de Rousseau pouvaient s'attendre à trouver dans *Les Confessions*.

■ BIBLIOGRAPHIE

1 ÉDITIONS

- ROUSSEAU Jean-Jacques, *Les Confessions*, Préface de J.-B. Pontalis, texte établi par Bernard Gagnebin et Marcel Raymond, notes de Catherine Kœnig, Paris, Gallimard, « Folio classique » 2776, 1973.
- ROUSSEAU Jean-Jacques, *Œuvres complètes*, t. I, *Les Confessions. Autres textes autobiographiques*, édition publiée sous la direction de Bernard Gagnebin et Marcel Raymond, Paris, Gallimard, « Bibliothèque de la Pléiade », 1959.

2 SUR ROUSSEAU ET SUR SON ŒUVRE

- MAY Georges, *Rousseau*, collection « Écrivains de toujours », Paris, Seuil, réédition 1994.
- STAROBINSKI Jean, *J.-J. Rousseau. La transparence et l'obstacle*, Paris, Gallimard, 1971.
- STAROBINSKI Jean, *L'Œil vivant*, Paris, Gallimard, 1961, « Jean-Jacques Rousseau et le péril de la réflexion », p. 91-188.

3 SUR *LES CONFESSIONS*

- CARLIER Christophe, HONGRE Bruno, PERRIN Jacques, PIGNAULT Jacques, *Rousseau. Les Confessions* (Livres I à IV), Paris, Hatier, « Profil littérature » 215-216, 1997.
- DUMAS Dominique, *J.-J. Rousseau. Les Confessions* (Livres I à IV), Paris, Ellipses, « Résonances », 1997.
- LEJEUNE Philippe, *Le Pacte autobiographique*, Paris, Seuil, 1996.
- PERRIN Jean-François, *Les Confessions*, Paris, Folio, « Foliothèque » 62, 1997.
- QUESNEL Alain, *Premières leçons sur les* Confessions *de J.-J. Rousseau*, Paris, P.U.F., « Major bac », 1997.
- RAYMOND Marcel, *Jean-Jacques Rousseau, La quête de soi et la rêverie*, Paris, Librairie José Corti, 1962, « Lecture du premier livre des *Confessions*. Thèmes et structure », p. 89-115.
- *ROUSSEAU. Les Confessions* (Livres I à IV), ouvrage collectif, Paris, Ellipses, « Analyses et réflexions », 1996.

■ SOMMAIRE

■ PRÉSENTATION 5
Rousseau en 1766 5
Repères chronologiques 6

■ 40 QUESTIONS 8

■ 40 RÉPONSES 11

■ 4 ÉTUDES 65
I. *Les Confessions*, une autobiographie 65
II. La composition 70
III. Les femmes 76
IV. Fautes et aveux 82

■ BIBLIOGRAPHIE 91

Achevé d'imprimer en novembre 1997
dans les ateliers de Normandie Roto Impression s.a.
61250 Lonrai
N° d'impression : 972542
Dépôt légal : novembre 1997

Imprimé en France